vanessa und ina

LOVE on TOUR

vanessa und ina

LOVE on TOUR

EIN BUCH ÜBERS SUCHEN,
FINDEN UND FESTHALTEN

Community
EDITIONS

»Hey ihr Lieben, wir sind Vanessa und Ina und wir sind verlobt.«
Das sagen wir gerne lachend in die Kamera, wenn wir eines unserer
YouTube-Videos aufnehmen. Irgendwann können wir stolz sagen:
»Hey ihr Lieben, wir sind Vanessa und Ina und wir sind verheiratet.« Wieso wir das so betonen, fragst du dich? Das ist schnell be-
antwortet: Ist man homosexuell, droht einem in elf Ländern auf
der Welt die Todesstrafe. Und selbst in Deutschland galt Homosexualität bis 1994 unter Umständen als strafbar. Die Öffnung der Ehe
auch für gleichgeschlechtliche Paare – die »Ehe für alle« – ist erst
seit 2017 in unserem deutschen Gesetz verankert. Das ist noch keine
lange Zeit, aber dass es diese Möglichkeit endlich gibt, hat bereits
im Leben vieler Menschen etwas verändert.

So auch in unserem. Angefangen hatte die Reise zu uns selbst und zueinander mit viel Unsicherheit, Angst und Selbsthass. Inzwischen aber sind wir miteinander gewachsen und stark geworden. Außerdem haben wir eine riesige Community hinter uns. Wenn du uns auf unserem Weg begleiten willst, dann bleibe dran. Wir freuen uns auf dich. Auch wenn du vielleicht selbst nicht lesbisch, schwul, bi*sexuell, transgender oder queer bist, ist dieses Buch sicher spannend für dich. Je mehr Menschen sich mit LGBT* auseinandersetzen, desto bunter und offener kann diese Welt werden. Wir haben in diesem Buch unsere Geschichte in einigen thematischen Kapiteln festgehalten. Du musst es nicht chronologisch lesen, kannst es aber. Oftmals greifen wir bestimmte Situationen noch einmal auf. Hinter jedem Kapitel findest du einen Informationsteil, in dem wir dir die LGBT*-Welt etwas näherbringen. Außerdem findest du dort auch einige Seiten, bei denen du gefragt bist und mitmachen kannst.

Vielleicht hast du noch nichts von uns gehört, dann: danke für dein Vertrauen! Du wirst uns auf den nächsten Seiten auf jeden Fall besser kennenlernen. Und damit du dich nicht wunderst: Vanessa hat den Spitznamen »Nessi« und Katharina wird eigentlich immer nur »Ina« gerufen.

Übrigens: Auf unserer Reise durften wir viele tolle Menschen kennenlernen, die uns unterschiedlich lang begleitet haben. Zu ihrem Schutz haben wir ihre Namen in den Texten abgeändert.

Und jetzt wünschen wir dir ganz viel Spaß beim Lesen unserer Geschichte!

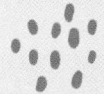

VANESSA
MIT
2 JAHREN

DIE PRÄGENDEN JAHRE

Ina

KATHARINA: 2. APRIL 1996, 18:27 UHR, 49 CM, 3000 G, BERLIN, DEUTSCH-LAND Ich glaube, alles begann an einem Abend in meiner Jugend, den ich mit meiner Familie vor dem Fernseher verbrachte. Ich bin mir sicher, dass sich sonst aus meiner Familie niemand mehr daran erinnern kann, aber ich habe es nicht vergessen. Im Fernsehen lief eine Reportage zum Thema Homosexualität und es wurden einige Zahlen und Fakten zu Übergriffen auf Menschen aufgrund derer sexuellen Orientierung genannt. Ich hatte das damals zwar noch nicht so richtig verstanden (ich muss zwölf oder dreizehn gewesen sein), was ich aber noch weiß, ist Folgendes: Meine Eltern unterhielten sich und meine Mama erzählte von einer Freundin aus ihrer Studienzeit. Sie hätten sich super verstanden und viel Zeit zusammen verbracht, aber dann habe sich etwas verändert: Ihre Freundin habe immer weniger Zeit in der Uni und immer mehr Zeit auf bis dahin beiden unbekannten Veranstaltungen verbracht. Als meine Mutter das dann hinterfragte, habe ihre Freundin ihr gestanden, dass sie jetzt eine Lebensgefährtin habe. Mein Papa beendete die Geschichte meiner Mutter schnell, indem er sagte: »Ja, ja, das mit den Lesben und Schwulen.« Man könnte jetzt meinen, dass er das einfach nur so dahergesagt hätte, aber der Ton hat hier wirklich die Musik gemacht. Meinem Papa war das wahrscheinlich selbst nicht bewusst, aber seine Ablehnung Lesben und Schwulen gegenüber war deutlich zu spüren. Ich frage mich natürlich inzwischen: War es nur das Unbekannte? War es vielleicht gar keine Ablehnung?

Jedenfalls kann ich mich gut an diesen Abend erinnern und er wird auch im weiteren Verlauf immer wieder eine Rolle in meinem Leben spielen. Denn ohne zu viel vorwegzunehmen: Ich bin lesbisch.

Als ich noch mit Puppen gespielt habe (ich gebe es zu: Ich war eher so der Barbie-Mensch), sah meine Welt so aus: Meine »Charlotte« hat einen Mann, zwei Kinder, einen Labrador, ein Haus und ein Auto. Während sie sich um die Kinder kümmert und den Haushalt schmeißt, arbeitet »Ken« und verdient das Geld. Sie geht mit dem Labrador Gassi, die jüngste Tochter hat nachmittags Ballettunterricht. Am Abend essen alle gemeinsam am Esstisch und gehen zeitig schlafen. Papa gibt der Kleinen vor dem Schlafen immer einen Gutenachtkuss. Wenn Charlotte Zeit hat, trifft sie sich mit ihren Freundinnen. Sie lachen viel, shoppen liebend gerne und erzählen sich gegenseitig, was sie an ihren Männern ärgert. Dieses aus heutiger Sicht überaus stereotype Familienbild war für mich damals völlig selbstverständlich.

Im Kindergarten haben wir immer »Mutter, Vater, Kind« gespielt – für uns das Spiel schlechthin. Und ganz selbstverständlich haben wir die »klassische« Familie verkörpert – eben Mutter, Vater und Kind. Andere Familienstrukturen? Ich kann mich nicht entsinnen, dass wir jemals »Mama, Mama, Kind« oder so gespielt hätten!

Meine Familie besteht ebenfalls aus Mutter, Vater, Kind eins und Kind zwei. Mein Vater arbeitet mehr als meine Mutter, bringt das meiste Geld nach Hause und meine Mutter kümmert sich nebenher um den Haushalt. Meine Eltern haben einige befreundete Pärchen, auch hier sehen die Familienstrukturen ähnlich aus. Ich erinnere mich, dass mei-

ne Mutter oft zu mir sagte, wenn sie sich mit meinem Vater gestritten hatte: »Finde bloß einen, mit dem du mehr Glück hast als ich mit deinem Vater.« Wenn meine Mama früher Besuch von ihren Freundinnen hatte, dann tauschten sie sich über ihre Männer und deren Macken aus und lachten am Ende meist. Wenn ich zurückdenke, fallen mir auch keine Familien von Kita-Freund*innen ein, bei denen es nicht Mama, Papa und Kind gewesen wären.

In dem Ort, in dem ich aufgewachsen bin – einem Dorf in Brandenburg –, gab es nicht allzu viel. Beinahe alle hatten ein Grundstück mit Haus, manche mit einem größeren Garten, manche mit einem kleineren. Die meisten hatten ein bis zwei Autos in der Garage oder unter dem Carport. Es gab einige fußläufige Supermärkte, aber für uns Kinder gab es nicht sonderlich viel Abwechslung. In meiner Kindheit kamen meine Freund*innen meistens zu mir – wir hatten einen wirklich tollen Garten mit tausend Möglichkeiten zum Spielen. Ich hatte einen besten Freund, Paul, der im Nachbarhaus wohnte und mit dem ich durch dick und dünn gegangen bin. Eines Tages haben wir eine Kinderhochzeit veranstaltet: Paul hat mir einen Kranz aus Gänseblümchen aus dem Garten geschenkt und ich ihm ein Spielzeugauto. Damit war alles besiegelt – in unseren Kinderköpfen waren wir füreinander bestimmt. Und nie wäre ich damals auf die Idee gekommen, ein anderes Mädchen zu heiraten … Irgendwann zogen Paul und seine Familie leider weg und wir hatten kaum Zeit, uns zu verabschieden, was mich traurig machte. Auch unseren Eltern tat es leid, uns Kinder trennen zu müssen. Als meine Freund*innen und ich älter wurden, so mit zwölf oder dreizehn, durften wir dann allein ins Freibad im Nachbarort fahren – was wir in den Sommermonaten immer wieder taten, auch wenn es eigentlich viel zu kalt war. Meine beste Freundin Cheyenne aus der Grundschule und ich waren immer im Doppelpack unterwegs und erzählten uns gegenseitig alles. Sie war mutig und wollte immer neue Sachen ausprobieren. Mit ihr habe ich mir das erste Mal die Beine rasiert. Sie hat das Equipment besorgt und dann haben wir versucht, alle Haare wegzumachen, ohne uns zu schneiden. Ich weiß noch, wie aufregend sich das anfühlte. Von ihr habe ich erst gelernt, mich echt viel zu trauen. Leider blieb es nicht immer so schön und so schrieb ich mit dreizehn:

INA / 05. MAI 2008

Liebes Tagebuch, ich hab versucht es aufzuhalten, aber es hat nicht geklappt. Meine beste Freundin ist nicht mehr meine beste Freundin, es ist aus und vorbei. Sie interessiert sich einfach nicht mehr für mich, sondern hat nur noch Jungs im Kopf. Ständig redet sie über Jungs oder rennt ihnen hinterher. Ich erkenne sie gar nicht mehr wieder.

INA / 19. MAI 2008

Liebes Tagebuch, es ist jetzt zwei Wochen her, dass ich nicht mehr mit meiner besten Freundin spreche, daran hat sich nichts geändert. Nun kommt das Beste: Sie hat jetzt einen Freund. Sie hat mich einfach mit ihrem Freund ersetzt und vollkommen vergessen. Aber das ist nicht alles. So viele Mädchen aus meiner Klasse haben jetzt einen Freund. Nur ich leider nicht ... Ich wünsche mir aber auch einen Freund. Wieso habe ich denn keinen? Und wo soll ich denn einen herbekommen? Ich bin traurig.

Meiner Mama ging das damals mit dem Freund-haben-Wollen sowieso viel zu schnell – eine Ansicht, die sich später allerdings ändern sollte. Je älter ich wurde, desto mehr hatte ich das Gefühl, dass sie sich einen Freund für mich wünschte.

· · · · ♥ · · · ·

VANESSA: 27. SEPTEMBER 1996, 19:27 UHR, 51 CM, 3950 G, PALMA DE MALLORCA, SPANIEN *Ich erblickte auf Mallorca das Licht der Welt. Meine Mama behauptet bis heute, dass meine Geburt leicht gewesen sei. Ich war ein Wunschkind. Meine Eltern haben sich geliebt und nach sechs Jahren Beziehung an Silvester (ja, das wurde mir wirklich so erzählt) beschlossen, die Familie zu vergrößern. Jetzt wirst du dich fragen: Haben deine Eltern auf Mallorca Urlaub gemacht? Das werde ich übrigens wahnsinnig oft gefragt. Aber nein, meine Eltern haben sich dort erst kennen- und lieben gelernt, dann gemeinsam ein Restaurant auf der Insel eröffnet und aufgebaut – direkt am Ballermann 3. Ich habe meine Eltern immer bewundert, sie waren für mich ein großartiges Team. Ich habe immer zu ihnen aufgesehen. Und auch wenn sie viel gearbeitet haben, hatte ich niemals das Gefühl, allein zu sein.*

Nach weiteren sechs Jahren beschlossen meine Eltern, dass ich noch ein Geschwisterchen bekommen sollte. Ich kann mich noch an die Situation erinnern: Wir saßen zu dritt in der Küche und die beiden haben mir freudestrahlend erzählt, dass ich eine Schwester bekommen würde. Wahrscheinlich wären viele große Geschwister vor Freude in die Luft gesprungen, ich aber habe geweint – und sicher nicht aus Freude. In diesem Moment war es für mich das Schlimmste, dass ich meine Eltern bald würde teilen müssen. Ich wollte das einfach nicht! Heute ist das anders: Ich habe meine Schwester richtig lieb und ich bin froh, sie immer an meiner Seite zu haben, das möchte ich an dieser Stelle betonen. Aber damals habe ich einfach geweint und mich in meinem Zimmer verkrochen.

Und nach einigen Monaten war sie dann da. Funfact: Mein Papa und ich wollten meine Schwester Lara nennen, aber meine Mama war für Laura. Obwohl wir sie theoretisch überstimmt hatten, legte sie nach der Geburt einfach den Namen fest. Meine Schwester war wirklich ein schönes Baby und wenn sie gelacht hat, ging die Sonne auf. Nichtsdestotrotz konnte ich mich einfach nicht mit dem Gedanken anfreunden, dass jetzt so ein freudestrahlendes Baby bei uns zu Hause wohnen und zu meinen Eltern auch bald »Mama« und »Papa« sagen würde. Mit den Monaten verflog jedoch die Eifersucht, ich hatte mich an meine Schwester gewöhnt und konnte sie lieb haben. Also war alles gut. Doch dann kam der Abend, der alles verändern sollte.

Eines Tages, ich war acht Jahre alt, setzten sich meine Eltern zu mir auf die Couch. Im ersten Moment dachte ich, dass ich etwas verbrochen hatte. Alles war so ruhig und keiner sagte etwas. Lauri schlief schon und ich hatte irgendeinen Kinderfilm im Fernsehen geschaut. Dann sagte mir meine Mama, dass sie und Papa sich nicht mehr liebten und sich trennen würden. Dass Lauri und ich bald mit ihr zu ihren Eltern nach Brandenburg ziehen würden. Du kannst dir nicht vorstellen, wie sehr meine Welt bei diesem Gespräch zusammenbrach. Ich habe mein spanisches Zuhause und meine Eltern so geliebt – den Strand, meinen Kater Flori, den kleinen Pool, der immer im Sommer aufgebaut wurde, und meine Freund*innen. Das sollte ich nun alles verlieren? Niemals! Ich konnte mir einfach nicht vorstellen, dass sich meine Eltern nicht mehr liebten und dass dies hier nicht mehr mein Zuhause sein sollte. Ich war immer so stolz auf sie gewesen und hatte gedacht, dass sie zusammen alt werden würden. Aber da hatte ich mich wohl geirrt. Ich war mehr als enttäuscht von meinen Eltern und einfach nur unfassbar traurig.

Heute weiß ich, dass die Liebe zwischen den beiden einfach vorbei und die Trennung besser für beide war. Aber damals konnte ich es nicht verstehen. Ich hatte Angst, dass ich Papa nie wiedersehen würde, und wollte außerdem mein Zuhause nicht aufgeben. Heute freue ich mich, dass mein Papa immer noch auf Mallorca wohnt. Er lebt dort mit seiner neuen Frau und ihren beiden gemeinsamen Kindern, meinen Halbgeschwistern, die ich auch sehr lieb habe. Ich besuche sie regelmäßig und habe daher schon in frühen Jahren gelernt, allein mit dem Flugzeug zu fliegen.

Als meine Eltern sich trennten, habe ich mir ausgemalt, wie ich später leben möchte. Ich komme aus einer Trennungsfamilie, also alle meine Familienmitglieder sind geschieden. Deswegen setzte ich mir schon in jungen Jahren ein großes Ziel: Wenn ich mich in jemanden verlieben würde, dann wollte ich für immer mit dieser Person zusammenbleiben, mit ihr alt werden und sterben. Ich wollte die erste Person meiner Familie sein, die sich niemals trennte.

Damals war ich aber einfach am Boden zerstört und habe sehr viel Tagebuch geschrieben – was ich übrigens auch heute immer noch mache. Ich nehme mir alle drei bis vier Monate Zeit und schreibe alles auf, was ich auf dem Herzen habe. Das tut wahnsinnig gut.

Über das Thema Homosexualität wurde bei uns in der Familie übrigens nie gesprochen. Und wir hatten in der Schule ganz normalen Aufklärungsunterricht im Fach Biologie, das muss so in der fünften

*oder sechsten Klasse ge-
wesen sein. Da erklärte
man uns dann, wie der
Geschlechtsverkehr zwi-
schen Mann und Frau
abläuft und wie man
richtig verhütet – so mit
allem Drum und Dran,
mit Kondom über eine
Banane stülpen und so.
Aber es wurde weder in
der Grundschule noch
auf dem Gymnasium im
Biologieunterricht darü-*

*ber aufgeklärt, dass auch zwei Personen des
gleichen Geschlechts miteinander schlafen und sich lieben können.
In der zehnten Klasse behandelten wir im Englischunterricht dann
das Buch* Love, Simon, *in dem es um einen homosexuellen Jungen
geht. Aber das war's auch schon. Ansonsten wurde vor allem Sexualität zwischen zwei gleichgeschlechtlichen Menschen in der Schule
nicht thematisiert. Meiner Mutter war es zwar sehr wichtig, mir ein-
zutrichten, dass ich verhüten soll, und sie klärte mich auch darüber
auf, dass man sich Krankheiten beim Sex holen kann und dass das
Kondom dagegen schützt. Aber wie wohl allen Jugendlichen in der
Pubertät war es mir total unangenehm, mit ihr über das Thema Sexualität zu sprechen. Das konnte bzw. wollte ich mit keinem aus der
Familie. Und daran hat sich wenig geändert: Ich mag bis heute nur
mit den wenigsten Menschen darüber sprechen.*

Während unsere Erinnerungen nun so aus uns herausprudeln, wird uns beiden bewusst, wie schnell doch diese Zeit verging. Dass einem als Kind nicht bewusst ist, wie besonders und unbeschwert diese Zeit oft ist – einfach spielen und sich mit Freund*innen verabreden zu können. Früher haben wir daher nie verstanden, was es mit diesen typischen Sprüchen von Eltern oder Verwandten auf sich hatte:

»Wenn du groß bist, dann wirst du diese Zeit schon vermissen.«
»Später einmal wirst du dich über den Mittagsschlaf nicht mehr beschweren.«
»Die Schulzeit ist die beste Zeit deines Lebens, das wirst du schon noch sehen.«

Du kennst sie sicher auch, diese Sätze, die einem als Kind völlig unverständlich sind. Aber jetzt sind wir selbst »groß« und wissen inzwischen, wie das Leben sein kann. Wie es ist, wenn einen der Alltag einholt und einem den Wind aus den Segeln nimmt. Es gibt sie, diese Tage, an denen uns die Arbeit, die Uni und obendrauf der Haushalt über den Kopf wachsen. Und wie es dann oft so ist, kommen schnell noch weitere Probleme hinzu, die einem so gar nicht passen - eine verstopfe Toilette zum Beispiel. Und dann weiß man gar nicht mehr, was man zuerst angehen sollte. Dabei ist uns aber auch klar geworden, dass wir die unbeschwerten und glücklichen Kinder in uns niemals komplett verlieren wollen. Egal, was für Zeiten auf uns zukommen: Wir wollen niemals den Kopf vollkommen in den Sand stecken! Auch wenn dann manchmal alles raus muss, seien es die purzelnden Tränen oder die kräftigen Schreie, solche Momente gehören dazu - und von ihnen hatten wir doch einige ...

DU KANNST ALLES SCHAFFEN.

Glaub an dich!

DIE SACHE MIT UNSEREN NAMEN ...

VANESSA: *Mein vollständiger Name ist Vanessa Madeleine (nach meiner Mama) Monika (nach meiner Oma). Genannt werde ich aber meist »Nessi«.*

INA: Mein tatsächlicher Vorname ist Katharina! Bei meiner Familie und meinen Freund*innen habe ich die Spitznamen »Kathi« oder »Kate«. Im Sommer 2016 hat mich Nessi dann irgendwann einfach Ina genannt. Bei dem Namen sind wir geblieben und haben mich auch bei ihrer Familie und unserer Community so vorgestellt.

Wir nennen uns am allerliebsten **BUBU**. Das kam daher, dass wir uns, noch bevor wir zusammengekommen sind, immer Bebi und Baby genannt haben. Am 15.09.2016 hat Ina dann das erste Mal Bubu als Kosenamen geschrieben.

GENDERN

Wie dir vielleicht schon aufgefallen ist, war es in unserer Sprache lange Zeit üblich, nur die männliche Form zu benutzen, auch wenn Menschen verschiedener Geschlechter gemeint sein sollten. In vielen Bereichen ist das bis heute so. Doch soziale Geschlechter sind vielfältig! In unserer Sprache werden sie allzu oft ausgegrenzt und verschwiegen – nicht einmal die weibliche Form wird jedes Mal mitgenutzt. Doch unsere Sprache bestimmt unsere Welt und es ändert sich langsam etwas. Um Diskriminierung zu verhindern und alle Geschlechter gleichberechtigt anzusprechen, gehen wir zunehmend dazu über, Sprache und Schrift zu »gendern«. Dafür entwickeln sich verschiedene Schreibweisen mit Sonderzeichen wie etwa dem Asterisk, dem »Gendersternchen«. Wenn wir solche Sonderzeichen verwenden, meinen wir alle Menschen – auch diejenigen, die sich keinem Geschlecht zuordnen möchten. Manchmal wird statt dem Sternchen auch ein Doppelpunkt, ein Schrägstrich, ein Unterstrich oder ein Binnen-I verwendet.

Über das »Gendern« ist man sich in der Gesellschaft bis heute noch sehr uneinig, deshalb gibt es noch keine einheitliche Lösung.

BEISPIELE:

Schüler – Schüler*innen

Lehrer – Lehrer:innen

Kollegen – Kolleg_innen

Freunde – FreundInnen

JETZT MAL KLARTEXT:

REGENBOGENFAMILIEN

Familien sind vielfältig! Es gibt nicht nur Mama-Papa-Kind, sondern auch Mama-Mama-Kind oder Papa-Papa-Kind. Wenn in einer Familie mindestens ein Elternteil lesbisch, schwul, bisexuell, trans- oder intergeschlecht-lich ist, dann sagt man dazu auch »Regenbogenfamilie«.
Kinder, die in einer Regenbogenfamilie aufwachsen, kommen dann zum Beispiel aus einer früheren heterose-xuellen Beziehung eines Elternteils oder werden mithilfe künstlicher Befruchtung empfangen und direkt in die Familien hineingeboren. Auch ein Vater kann seinen Sohn oder seine Tochter auf die Welt bringen – wenn er zum Beispiel eine Trans*-Geschlechtsidentität hat.
Manche Kinder kommen auch als Pflege- oder Adoptiv-kinder in die Familien. Und darüber hinaus gibt es noch viele weitere Familienformen: Ein-Eltern-Familien, Patchworkfamilien, Mehr-Eltern-Familien ... Familien können also richtig bunt sein!
Die meisten Menschen denken bei dem Wort »Familie« wohl an ihre Herkunftsfamilie, doch manche Menschen suchen sich ihre Familie lieber selbst aus und finden bei ihr Liebe, Geborgenheit und Zusammenhalt.

INTERGESCHLECHTLICH/INTER*

Das Geschlecht eines Menschen wird üblicherweise vor oder bei der Geburt anhand der Genitalien zugeordnet. Doch nicht nur ein Penis oder eine Vulva entscheidet über weiblich oder männlich, denn das Geschlecht hängt von mehreren Faktoren ab: Neben den äußeren Geschlechtsmerkmalen schaut man sich auch die Keimdrüsen (Hoden und Eierstöcke) an. Außerdem gelten in der Genetik XX-Chromosomen als weiblich und XY-Chromosomen als männlich. Auch bei den Hormonen gibt es Unterschiede: Überwiegen die Hormone Östrogen und Progesteron, so gilt das als weiblich, überwiegendes Testosteron gilt als männlich. Doch manchmal passiert es, dass sich diese Dinge vermischen können: Ab der sechsten Schwangerschaftswoche entwickeln sich beim Baby die Geschlechtsorgane und dann kann es dazu kommen, dass sich manche der genannten Faktoren weiblich und andere gleichzeitig männlich entwickeln. Beispielsweise können die Genitalien weiblich erscheinen, obwohl sich im Inneren Eierstöcke und Gebärmutter nicht ausgebildet haben. Inter*-Personen kommen dann mit einer Abwandlung dieser Merkmale auf die Welt und werden daher meist nicht dem weiblichen oder männlichen Geschlecht zugeordnet – sie sind divers oder intergeschlechtlich. Festgestellt wird Intergeschlechtlichkeit entweder direkt nach der Geburt oder man entdeckt es in der Pubertät, wenn zum Beispiel die Periode ausbleibt. Manchmal wird es sogar nie erkannt.

IN DEUTSCHLAND LEBEN IN RUND 12.000 HAUSHALTEN GLEICHGESCHLECHTLICHE PAARE MIT KINDERN.

GESCHLECHTSIDENTITÄT/GENDER Auf Deutsch gibt es nur das Wort »Geschlecht«. Damit meint man sowohl die Geschlechtsidentität als auch das biologische Geschlecht. Um die beiden Begriffe klar voneinander zu trennen, wird häufig das englische Wort *Gender* für das soziale Geschlecht genutzt, mit dem wir uns identifizieren. Als Gegensatz dazu steht das englische Wort *sex*, mit dem die körperlichen Geschlechtsmerkmale gemeint sind. Jeder Mensch empfindet und fühlt das eigene Geschlecht anders. Dabei ist es wichtig, dass du weißt, dass es mehr als nur die zwei bekannten Geschlechtsidentitäten männlich und weiblich gibt. Menschen, die sich keinem Geschlecht klar zugehörig fühlen, bezeichnen sich oft als nicht-binär oder genderqueer.

SCHON MAL WAS ÜBER DIE »DRITTE OPTION« GEHÖRT? In Deutschland konnte man bis 2013 im Geburtsregister nur die Geschlechter »männlich« und »weiblich« eintragen lassen. Später durfte man dann das Feld freilassen und seit Ende 2018 gibt es für intersexuelle Personen die Option »divers«. Divers kommt aus dem Lateinischen und bedeutet ungleichartig bzw. verschieden. Auch wenn die Eintragung »divers« im Geburtsregister nur für Inter*-Personen mit der Bescheinigung von einem Arzt möglich ist, hat sich die Bezeichnung trotzdem für alle Menschen etabliert, die sich selbst nicht klar als Mann oder Frau identifizieren können oder wollen.

WAS IST FAMILIE FÜR DICH?

FREUND*INNEN, DIE MAN SICH SELBST AUSSUCHT

VERTR**A**UEN

ZUSAM**M**ENHALT

IMMER FÜRE**I**NANDER DA SEIN

LIEBE

M**I**TEINANDER LACHEN

UMARMUNG**E**N

UND JETZT DU!

.... F.........

.... A.........

.... M.........

.... I.........

.... L.........

.... I.........

.... E.........

AUF WAS WIRD ODER WURDE IN DEINER FAMILIE WERT GELEGT? AUF WAS LEGST DU WERT?

Kreise ein, was auf dich zutrifft, und ergänze in den leeren Kreisen!

GEMEINSAMES ABENDESSEN

EHRGEIZ

EHRLICHKEIT

AUSFLÜGE

PÜNKTLICHKEIT

GESPRÄCHE

GUTE SCHUL-NOTEN

GUTE MANIEREN

LIEBEVOLLER UMGANG

DIE ZEIT DER SUCHE

Ina

Es gibt ihn nicht, diesen einen Tag, an dem ich merkte, dass ich »anders« bin. Ich wünschte, es wäre anders und man würde eines Tages aufwachen und Bescheid wissen, man würde aufstehen und wissen, wonach man eigentlich sucht. Aber dieser Prozess des Begreifens und die Suche nach dem richtigen Weg können sich ziemlich in die Länge ziehen – wie bei mir. Es hat lange gedauert, bis ich verstand, was mit mir passierte. Während der Pubertät geht es nicht nur darum, dass auf einmal Haare an ganz neuen Stellen wachsen, sondern vielmehr um das, was sich im eigenen Kopf abspielt – und im Herzen!

Folgende Frage stelle ich mir oft bis heute: Hätte ich schon während meiner Pubertät wissen können, dass ich auf Mädchen statt auf Jungs stehe? Denn so richtig klargeworden ist mir das erst mit zwanzig oder einundzwanzig, als ich mich das erste Mal wirklich in ein Mädchen verliebte. Ich war so verliebt, dass es manchmal schon wehtat, nur an sie zu denken, wenn sie nicht bei mir war. So verliebt, dass ich sie am liebsten jede Sekunde an mich gebunden hätte, damit sie immer bei mir wäre.

»Ich bin in ein Mädchen verliebt.« Ich musste also echt über zwanzig werden, um diesen Satz denken, fühlen und aussprechen zu können. Früher ging es einfach nicht, weil das in meiner Welt nicht vorkam. In meiner Familie wurde »dieses Thema« schließlich nie wirklich angesprochen – und wenn, dann war es eher negativ besetzt. Meine Eltern hatten keine lesbischen oder schwulen Freund*innen, soweit ich mich erinnern kann. Und auch niemanden im Bekanntenkreis, der nicht in das typische Familienbild passte – kein Patchwork, keine Großfamilie, sondern einfach »Mutter, Vater, Kind(er)«. Insofern war es bei uns kein Thema schwul, lesbisch oder einfach anders zu sein.

Als ich aufs Gymnasium kam, sprachen schon alle über Jungs, aber besonders spannend wurde das Thema, als es die ersten Partys gab. Pärchen fanden sich, trennten sich, stritten und vertrugen sich wieder. Fakt dabei ist: Es ging immer um Heterobeziehungen. Ich war in meiner Jugend auch in den umliegenden Dörfern unterwegs. Wir sind häufig alle aus der Umgebung zusammengekommen, haben gemütlich am Feuer gesessen und hatten wirklich schöne Abende. Ich hatte aber nie einen Freund, mit dem ich diese Abende teilte. Ich kann mich noch gut daran erinnern, wie meine Mama mich nach solchen Partys morgens am Frühstückstisch fragte, ob ich denn jemanden kennengelernt hätte. Es war mir nach kurzer Zeit regelrecht unangenehm, immer antworten zu müssen: »Nein, ich habe niemanden kennengelernt.«

Auch wenn ich mich mit meinen Freundinnen traf, ging es meistens um Jungs und wir haben zum Beispiel Pläne ausgeheckt, wie wir wohl X oder Y kennenlernen könnten. Für mich war das Ganze vollkommen normal und ich hatte Spaß daran. Mit fünfzehn war ich mir auch sicher, dass ich mich in einen Jungen verliebt hatte:

Liebes Tagebuch, du wirst es nicht glauben ... Ich hab etwas angestellt. Ich habe ... ich sag es jetzt einfach. Mir fällt es richtig schwer: Ich habe geraucht. Ich habe wirklich an einer Zigarette gezogen. Aber das ist noch nicht alles, sondern es geht noch weiter. Ich denke, dass ich einen Jungen mag. Seinetwegen habe ich auch das erste Mal geraucht. Er ist der Kumpel meiner besten Freundin. Er hat eine Skater-Frisur und ist so groß wie ich. Ich mag ihn richtig gern. Er hat einen echt coolen Style und das Beste: Er ist richtig witzig. Wir machen immer sehr viel zusammen und sehen uns jeden Tag in der Pause und im Bus. Letztens hat er mir auch eine Schoki mitgebracht. Ich denke, er mag mich auch. Zumindest hoffe ich es. Er könnte es wirklich sein.

Ich war hin und weg und ich war mir sicher, dass ich bis über beide Ohren verliebt war. So musste es sich anfühlen, dieses Verliebtsein, das sagten schließlich auch immer alle. Und es gab folgende Indizien:

Er gefällt mir – check!

Ich mag ihn – check!

Er hat diesen Bad-Boy-Charakter – check!

Meine beste Freundin und ich haben uns oft in ihrem Zimmer verschanzt und wahnsinnig originelle Pläne geschmiedet, wie wir für uns jeweils einen Freund finden könnten. Als ich ihr von dem Abend mit der ersten Zigarette berichtete, war auch sie sich sicher, dass ich verliebt war. Sie ermutigte mich, dass ich mich trauen und es ihm sagen sollte. Wenn ich so verliebt war, könnte es doch nur gut gehen. Wir würden sicher ein Paar werden und dann hätte auch ich, wie alle anderen, einen Freund. Ich könnte jeder*m von ihm erzählen und ihn vielleicht sogar zu Familienfeiern mitnehmen. Ich war wie besessen von

dem Wunsch, nicht mehr mit Fragen nach meinem Freund durchlöchert zu werden, sondern ihn einfach mitbringen zu können. Ich freute mich schon auf die Geschichten, die ich dann über meinen süßen Freund erzählen könnte. Ich war mir sicher, dass wir uns Geschenke machen und ich ihn in meinem Handy als »Schatz ❤« abspeichern würde. Ich hörte schon die Hochzeitsglocken läuten. Und so traute ich mich zwei Wochen später endlich:

INA / 15. MAI 2011

Liebes Tagebuch, heute war ein wirklich schlimmer Tag. Ich hab heute Morgen beschlossen, dass ich ihm meine Liebe gestehe. Weißt du, alles passt so gut zusammen und der ganze Spaß, den wir haben. Ich wollte so gerne meinen ersten Freund haben. Also hab ich all meinen Mut zusammengenommen. Und ihn gefragt, ob er sich mehr als nur Freundschaft vorstellen kann. Er meinte, dass er auch ehrlich zu mir sein will und mir was sagen muss. Da dachte ich schon, ja, er liebt mich also auch. Aber Pustekuchen. Er sagte: »Danke für deine Freundschaft« und dann ... dass er was von meiner besten Freundin will!!! Ausgerechnet von meiner besten Freundin. DIE hatte mich ja ermutigt, ihm zu sagen, was ich fühle  Das kann doch echt wieder nur mir passieren. Ich bin den ganzen Tag schon traurig und vor allem ist mir das sooooooo peinlich!!!!! Ich will ihn am liebsten nie, nie wiedersehen ...

Ich war mir sicher: Das musste Liebeskummer sein. Es war so niederschmetternd – ich schloss mich bestimmt zwei Wochen lang in meinem Zimmer ein und ging nur noch in Jogginghose zur Schule. So fühlte es sich also an, unglücklich verliebt zu sein, dachte ich. Ich war stinksauer auf meine beste Freundin – auch wenn sie ja gar nicht schuld daran war –, und konnte mich nicht dazu durchringen, mit ihr zu sprechen. Nachdem sie mich eine Weile in Ruhe gelassen hatte und wir nicht miteinander geredet hatten, kam sie eines nachmittags zu mir. Ich war langsam über die Sache hinweg und erzählte ihr, was passiert war. Sie musste fürchterlich lachen – und ich nach kurzer Zeit dann auch. Sie versicherte mir, dass sie keinerlei Interesse an ihm hatte. Und ich habe mir damals geschworen: So schnell verliebe ich mich nicht noch mal!

Dabei war das Thema Jungs ja weiterhin ständig präsent. Alle meine Freundinnen wollten immer dort sein, wo die Jungs waren, wollten über Jungs reden oder Pläne schmieden, wie sie bald wieder Jungs treffen könnten. Jungs, Jungs, Jungs. Aber nicht nur die Freundinnen, auch die Familie stellte ständig Fragen nach meiner ersten Beziehung mit einem Jungen. Kein Wunder, dass ich diesen Jungen so unbedingt kennenlernen wollte. Wenn es sonst immer die quälenden Fragen nach den guten (oder auch schlechten) Noten gegeben hatte, waren es nun jene nach dem Freund: »Na, Kleine, wo bleibt denn dein erster Freund?«, »Und, hast du schon jemanden kennengelernt?« Fortan gab es kein Halten mehr und die Gespräche mit meiner Mama drehten sich auch häufig um Jungs. Klar, sie hat mich nach der Schule gefragt, aber mindestens genauso oft, ob ich denn einen Jungen kennengelernt hätte. Ich habe damals gedacht, ich sei einfach ein Spätzünder, der nicht aus dem Quark kommt.

Wenn ich damals keine Probleme damit gehabt hätte, über meine Gefühle nachzudenken oder sie zuzulassen, hätte ich wohl schon in meiner Pubertät erkannt, dass ich kein Spätzünder war und ich nichts falsch gemacht hatte. Dass ich nicht »schuld« daran war, keinen Freund

zu haben – sondern dass ich vielleicht lieber eine Freundin gehabt hätte. Aber damals konnte ich das noch nicht erkennen, geschweige denn es mir eingestehen.

An dieser Stelle möchte ich ein kleines Geheimnis verraten. Eins, über das ich in meinem ganzen Leben noch nie mit jemandem – außer mit Nessi – gesprochen habe. Zum einen, weil mir die Situation richtig peinlich war, und zum anderen, weil ich Angst hatte, mit jemandem über die Gefühle zu sprechen, die es bei mir ausgelöst hatte: Ich habe lange Zeit selbst nie daran gedacht, dass ich auf Frauen stehen könnte – außer an diesem einen Tag in der Schule. Ich muss so ungefähr vierzehn gewesen sein. Wenn es draußen zu kalt war, durften wir im Winter auch im Gebäude bleiben und dort die Pause verbringen. An diesem besagten Tag haben sich die Jungs im Klassenzimmer breit gemacht, während wir Mädchen auf dem Mädchenklo waren, über Mädchensachen geredet und natürlich auch über Jungs philosophiert haben. Dann musste ich irgendwas aus dem Klassenraum holen und habe die Jungs bei etwas erwischt.

In unserem Klassenzimmer gab es damals einen Standcomputer, auf dem alle möglichen Adblocker installiert waren. Aber einer der Jungs wollte diese auf die Probe stellen und vor seinen Kumpels als besonders cool dastehen. Also hatte er zu Hause einige Seiten mit nackten Frauen rausgesucht und wollte sie seinen Kumpels zeigen (Leute, es gab damals noch keine Smartphones wie heutzutage – die Handys hatten eine viel schlechtere Auflösung und fast nie einen Internetzugang). Ich platzte also genau in dem Moment in den Raum, als sie über den Beamer eine nackte Frau an der Wand zeigten. Und ja, es war genauso peinlich, wie man es sich vorstellt. Die Jungs haben mich angemeckert, dass ich schnell wieder rausgehen solle, und geflucht, weil ich gesehen hatte, was sie machten. »Sag bloß niemandem was davon!«, wurde ich angeschrien. Ich hatte in diesem Moment allerdings ganz andere Gedanken: Mir hatte die nackte Frau gefallen. Ich wusste nicht, wie ich mit diesen Emotionen umgehen sollte und wo diese auf einmal hergekommen waren – zumal es nicht die erste nackte Frau gewesen war, die ich jemals gesehen hatte. Und doch hat es auch in diesem Moment nicht Klick bei mir gemacht. Heute ist mir dieses Erlebnis nicht mehr peinlich, aber in dem Alter empfindet man eben für vieles Scham.

Je mehr Zeit verging, desto mehr fühlte ich mich als Außenseiterin. Es drehte sich weiterhin alles um Jungs und inzwischen ging es vor allem darum, sie zu beeindrucken – durch Kleidung, Schminke, Musik, coole Hobbys. Es war nicht so, dass ich keine Verabredungen hatte, aber es war nie der Richtige dabei. Ich ahnte zwar irgendwie, dass es bei manchen meiner Freundinnen eigentlich auch nicht passte und sie sich stark verbiegen mussten, um die Jungs zu beeindrucken, aber dieses Spiel, das manche von ihnen spielten, hat sie trotzdem erfüllt und zufriedengestellt. Sie spürten dabei dieses Kribbeln im Bauch und hatten das Gefühl, jemanden zu lieben und geliebt zu werden. Nur ich – ich habe an mir gezweifelt, fand mich zu hässlich, zu dick, zu unkommunikativ, zu schüchtern. Die Liste der negativen Eigenschaften, die ich mit mir in Verbindung brachte, war lang.

Trotz allem hatte auch ich einen ersten Kuss mit einem Jungen. Den »Topf-und-Deckel-Moment« habe ich allerdings mit keiner meiner männlichen Bekanntschaften gehabt. Meine Familie hielt mich wohl für zu wählerisch und besonders meine Oma äußerte sich oftmals forsch: »Der richtige Mann muss erst noch für dich gebacken werden!«

Manchmal frage ich mich, ob alles nicht leichter gewesen wäre, wenn ich es mit vierzehn schon gewusst hätte, statt erst mit zwanzig. Auch wenn es nur ein paar Jahre sind, prägen sie einen doch stark und machen viel aus. Während der Jugendzeit ist man auf der Suche nach sich selbst und die Fragen, die man sich selbst stellt, die Entdeckung der eigenen Charaktereigenschaften und die Experimentierfreude sind zu keinem Zeitpunkt so spannend und intensiv wie in der Pubertät – zumindest soweit ich das bisher beurteilen kann.

Ich frage mich auch, ob die Menschen in meinem näheren Umfeld vielleicht längst ahnten, dass ich lesbisch war, sich aber nicht trauten, mich darauf anzusprechen. Wahrscheinlich gab es damals doch schon irgendwo tief in mir eine Stimme, die mir sagte, dass ich es war. Doch die Angst davor, anders zu sein und nicht dem Wunschbild meiner Freundinnen und meiner Familie zu entsprechen, brachte mich vermutlich dazu, alle diese Gedanken und Gefühle zu unterdrücken. Selbst wenn ich mir schon in der Pubertät darüber klar gewesen wäre, denke ich, dass ich es niemandem gesagt und das »Versteckspiel« weitergespielt hätte.

Erst viel später konnte ich bestimmte Zeichen von damals deuten und gewisse Situationen richtig einordnen. So blätterte ich zum Beispiel als Erwachsene mal in meinem Tagebuch und stieß dabei auf einen Eintrag von meinem fast sechzehnjährigen Ich, der mich stutzig machte:

INA / 16. APRIL 2012

Das war aber ein Tag, Klausur verkackt, Bus verpasst und dann immer diese Gedanken. Ich mache mir wirklich Sorgen. Ich hasse Bio so sehr, ich bin wirklich so schlecht im Unterricht und das, obwohl ich immer so viel lerne. Es kann doch unmöglich sein, dass ich nur schlechte Noten schreibe. Ich lass mich auch nie von Lisa im Unterricht ablenken. In Chemie genau das Gleiche, da geht es auch nur noch drunter und drüber. Wie soll ich das denn Mama sagen, dass ich bestimmt wieder eine vier oder fünf in der Klassenarbeit schreiben werde? Sie bringt mich um. Und das Beste kommt ja noch. Frau Fischer will sich mit mir unterhalten. Na toll …

An diesem Nachmittag drehte ich fast durch, weil mich meine Bio- und Chemielehrerin zu einer Besprechung nach dem Unterricht gebeten hatte. Ich fiel vor dem Termin beinahe in Ohnmacht und zitterte am ganzen Körper vor Aufregung. Und das Treffen war dann auch eines der unangenehmsten überhaupt. Im Unterricht hatte ich immer die Möglichkeit, mich und meine »merkwürdige« Art ein bisschen zu verstecken, aber als wir ganz allein waren – nur sie und ich –, stellte sich das als wirklich schwierig für mich heraus. Ich hatte Angst, sie würde merken, dass irgendetwas »nicht in Ordnung« war mit mir. Dass ich sie komisch anschaute, sie sich von mir gestört fühlte oder ich ihrer Meinung nach gar ihren Unterricht negativ beeinflusste. Aber stattdessen wollte sie nur die Klausurergebnisse besprechen, die alles andere als rosig waren. Ich war unfassbar erleichtert, als der Termin endlich vorbei war und wir nur über meine Noten gesprochen hatten. Die Anspannung fiel von mir ab und ich war froh, nicht mehr allein mit ihr sein zu müssen. Auch konnte ich endlich wieder ganze Sätze sprechen. Zumindest bis zur nächsten Unterrichtsstunde bei ihr. Damals wusste ich einfach nicht, wieso ich so schlecht in den beiden Fächern war … Die Antwort fiel mir später dafür umso offensichtlicher auf: Ich fand meine Lehrerin attraktiv. Ich war das erste Mal in eine Frau verknallt – nur leider in meine Lehrerin. Sie war der Grund für meine emotionalen und körperlichen Reaktionen und die daraus resultierenden Konzentrationsprobleme!

· · · ♥ · · ·

Als ich noch klein war, war alles einfach – zumindest irgendwie. Ich hatte außer Hausaufgaben keine wirklichen Verpflichtungen. We-

der musste ich mir Gedanken über Geld machen, noch über meine Zukunft. Damals sah ich das natürlich anders, denn ich mochte die Schule nicht - die Hausaufgaben und Klassenarbeiten waren die reine Qual für mich. Aber im Nachhinein war es gar nicht so schlimm und irgendwie vermisse ich diese Zeit manchmal sogar. Ich kann mich noch an meinen ersten Schultag mit dreizehn auf dem Gymnasium erinnern. Ich war einerseits so stolz auf mich und hatte gleichzeitig Angst, dass ich keine Freund*innen finden würde. Für mich ist es schon immer schwer gewesen, neue Leute kennenzulernen, weil ich so dermaßen schüchtern bin. Nach meinem ersten Schultag saß ich nur weinend zu Hause und meinte zu meiner Mutter, dass ich dort nie wieder hin- und die Schule wechseln wollte. Und das nur, weil ich nicht direkt am ersten Tag Anschluss gefunden hatte!

Mit der Zeit lernte ich in der Schule zum Glück dann doch wirklich tolle Menschen kennen und schloss sogar einige Freundschaften. Im Rückblick muss ich sagen, dass ich auf einer wirklich guten Schule war. Auch wenn Ina - ja, wir kennen uns tatsächlich schon aus der Schulzeit, dazu aber später mehr - die Schule nach der achten Klasse gewechselt hatte, würde ich meine Schulzeit nicht mehr eintauschen wollen. Ich denke sehr gerne daran zurück, denn ohne sie hätten Ina und ich uns niemals kennengelernt. Ich kam super mit meinen Lehrer*innen klar und habe immer noch Kontakt mit meinem Klassenlehrer (der übrigens auch zu unserer Hochzeit kommt und auch Inas Deutschlehrer in der siebten und achten Klasse war), hatte aber nie beste Freund*innen in meiner Klasse, eher nur »gute Freund*innen«, mit denen ich selten etwas abseits der Schule unternahm.

Meine erste beste Freundin, die ich hier Hannah nennen werde, hatte ich mit dreizehn, also ab der sechsten Klasse. Wir teilten wirklich alles miteinander und gingen zusammen durch dick und dünn. Bei ihr hatte ich das erste Mal das Gefühl, jemanden zu haben, dem ich alles erzählen konnte. Wir redeten über unsere Eltern, über die Schule und natürlich über Jungs. Sie ging mit mir auf die ersten Partys und wir hatten wahnsinnig viel Spaß. Und sie war das erste Mädchen, das ich küsste – auf einer Party eines Freundes. Ich glaube, wir spielten irgendein Spiel. Und dann kam die Aufgabe, dass wir uns küssen sollten. Ich habe mich beim Kuss mit Hannah wohlgefühlt, aber richtige Gefühle gab es da nicht. Er löste bei mir auch nicht den Gedanken aus, ich könnte lesbisch sein. Es waren reine Neugierde und Spaß. Leider brach unsere Freundschaft zwei bis drei Jahre später auseinander und jede schlug ihren eigenen Weg ein.

In der siebten Klasse dachte ich, dass ich das erste Mal so richtig in einen Jungen verknallt war. Er hieß Luca, ging in meine Klasse, hatte blonde Haare und hellblaue Augen. Wir saßen sehr oft im Schulbus nebeneinander. Ich mochte ihn so gerne, dass ich ihn sogar in meinem Tagebuch erwähnte:

VANESSA / 09. NOVEMBER 2010

Heute saßen Luca und ich wieder im Schulbus nebeneinander. Er hat auch öfter meine Hand gehalten ❤! War er nur überdreht oder wollte er es?

VANESSA / 24. NOVEMBER 2010

Heute war echt toll. Wir haben im Bus zusammengesessen. Wir haben »Vertraust du mir?« gespielt und dann habe ich »unauffällig« seine Hand genommen und nicht mehr losgelassen. Er auch nicht. Das war soooo schön! Er hat gesagt, dass wir morgen wieder nebeneinander sitzen. 😁 Ich freue mich schon! Mal schauen, wie es wird. Er mag mich auf einer Skala von 1 bis 10 zu 9,2 und ich ihn zu 9,3. Außerdem hat er mir auf Jappy einen Kuss-Smiley geschickt ...

Man könnte meinen, dass ich echt in ihn verliebt war. Aber als ich merkte, dass er mich auch toll fand und mehr als Händchenhalten wollte, blockte ich ihn dann ab. Ich wollte das nicht. Es war zwar schön, seine Hand zu nehmen und mit ihm befreundet zu sein. Aber ihn küssen? Das konnte ich mir einfach überhaupt nicht vorstellen. Also habe ich mich immer mehr distanziert, ohne dass er wusste, warum. Am 8. Januar 2011 schrieb ich dann schlussendlich in mein Tagebuch, dass ich Luca schon seit vier oder fünf Wochen nicht mehr mochte. Und das war es dann auch schon – mein erster Flirt mit einem Jungen, mit vierzehn.

Wenn ich jetzt so durch mein Tagebuch blättere, fällt mir auf, wie viele Gedanken ich mir nach Luca darüber machte, warum ich wohl keinen Freund hatte:

VANESSA / 25. JANUAR 2011

Heute war es mal wieder komisch. Ich denke, mir ist bewusst geworden, dass zehn gute Freundinnen besser als ein Junge sind. Ich habe zwar keinen Liebesummer oder so ... aber das ist mir irgendwie klargeworden. Ich weiß zwar nicht warum, aber es ist so. Es gibt zwar echt nette Jungs, aber keiner ist wie eine oder mehrere richtig tolle Freundinnen. Ich finde es trotzdem komisch, dass gefühlt die halbe Schule schon eine Beziehung hatte — nur ich nicht.

Ich lernte immer mehr zu schätzen, wie wichtig und schön es ist, Freundinnen oder eine beste Freundin zu haben. Von der achten bis zur zehnten Klasse wurden die Kontakte in meiner Klasse immer weniger, bis ich in der zehnten Klasse nicht einmal eine beste Freundin hatte. In der Klasse hatten sich mit der Zeit mehrere kleine Gruppen gebildet. So kam es dazu, dass ich mich bei Partner- oder Gruppenaufgaben immer eher wie das fünfte Rad am Wagen und dadurch allein fühlte.

Deswegen bin ich so froh darum, dass ich mit sechzehn anfing, in der Systemgastronomie an der Kasse zu arbeiten, weil sich dort mit einigen Kolleg*innen echt gute Freundschaften entwickelt haben. Manche waren sogar wie eine zweite Familie für mich. Ich hatte schon von klein auf den Wunsch, so schnell wie möglich mein eigenes Geld zu verdienen, um auf eigenen Beinen stehen zu können. In meiner Familie waren damals alle selbstständig und mit fünfzehn Euro Taschengeld pro Monat kommt man als Sechzehnjährige einfach nicht weit. Meine größten Hobbys waren tanzen und ausgehen, und genau das konnte ich mir dann mit diesem 450-Euro-Nebenjob finanzieren. Vier Jahre lang ging ich dort jede Woche arbeiten.

Damals war es für mich auch gut, dadurch etwas Abstand zu meinem Zuhause zu gewinnen, denn ich hatte große Probleme mit meiner Familie. Jugendliche in der Pubertät können das bestimmt sehr gut nachvollziehen. Ich konnte insbesondere mit meiner Mama plötzlich einfach nicht mehr vernünftig reden. Mittlerweile haben wir ein super Verhältnis zueinander, aber während meiner Teenagerzeit stritten wir uns nur noch und verstanden uns keinen Meter. Meine Mutter wollte immer ein perfektes Mutter-Tochter-Verhältnis, in dem man wie beste Freundinnen zusammenlebt. Das hat mich fürchterlich eingeengt und ich verschloss mich ihr gegenüber noch mehr. Ich konnte mit ihr nicht über meine Gedanken, Sorgen oder Probleme sprechen. Während ich lieber raus in die Welt wollte, um die Stadt zu erkunden, zu feiern, Nächte durchzutanzen, mich auszuleben und mich selbst besser kennenzulernen,

wollte sie, dass ich schon früh am Abend wieder zu Hause war. Meine Mama hatte ein sehr starkes Sicherheitsbedürfnis, musste immer wissen, wo ihre Kinder waren, und fand meine Sturm-und-Drang-Phase überhaupt nicht toll. Ich verstehe natürlich heute besser, dass sie einfach Angst hatte, dass mir etwas passieren könnte. Aber damals hat es mir die Luft genommen und ich wollte nicht zu Hause sein, wo doch das Leben draußen auf mich wartete. Ich habe mich dort überhaupt nicht mehr wohlgefühlt. Seit ich fünfzehn oder sechzehn Jahre alt war, wusste ich dann, dass ich sofort ausziehen würde, sobald ich achtzehn war.

Meinen Wunsch, regelmäßig Clubs zu besuchen, habe ich erst so richtig realisieren können, als ich mit zwanzig Jahren Ina kennengelernt habe, weil ich vorher nur Freund*innen hatte, die mit Clubbesuchen nichts anfangen konnten.

Eine meiner Kolleginnen war Sophie, meine zukünftige Mitbewohnerin. Wir verstanden uns so gut, dass wir, als ich dann endlich achtzehn war, in einer Dreizimmerwohnung in Brandenburg zusammenzogen. Darüber war ich richtig happy, weil ich nicht gern allein sein wollte. Und so war eine gemeinsame Wohnung mit meiner besten Freundin die perfekte Lösung. Am Anfang hatte ich Angst, dass wir uns auf die Nerven gehen würden, aber das war zum Glück nicht der Fall.
Sophie war immer für mich da und hat mich auch in sehr schweren Phasen erlebt. Wir waren richtig gute Freundinnen und sie meine Seelenverwandte. Wir planten zusammen, dass wir irgendwann schwanger werden und dann nebeneinander wohnen würden. Auch sie hatte nie einen festen Freund, aber ein paar Männergeschichten zwischendurch.
Während dieser Zeit fing ich dann auch mein Studium der Betriebswirtschaftslehre in Berlin an. Man sagt ja oft, dass man BWL studiert, wenn man nicht genau weiß, was man machen soll. Dazu zähle ich mich tatsächlich auch. Ich mochte das theoretische Arbeiten und hatte den Plan, dass mir mit einem abgeschlossenen BWL-Studium später alle Türen offenstehen würden.

Sophie und ich wohnten zwei Jahre lang zusammen und ich denke wirklich sehr gerne an die Zeit zurück. Aber dann verliebte ich mich in jemanden, was unserer Freundschaft so sehr schadete, dass sie zeitweise auf Eis lag.

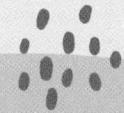

»WER NICHT IN
DIESE WELT ZU
PASSEN SCHEINT,
IST NAHE DARAN,
SICH SELBST
ZU FINDEN.«

Hermann Hesse

JETZT MAL KLARTEXT:

LGBT* (ODER AUCH: LGBTQ*, LGBTIA*)

LGBT* ist ein Akronym, das aus dem Englischen kommt. Die Buchstaben stehen für *Lesbian*, *Gay*, *Bisexual*, *Transgender*, also für Lesben, Schwule, Bisexuelle und Transgender.
Um die Abkürzung gab und gibt es allerdings Diskussionen, weil sich manche Personen innerhalb der Community nicht ausreichend vertreten fühlen oder sich nicht dazuzählen wollen. Deswegen liest und hört man noch weitere Kürzel wie LGBTQ* (Q = *Queer*: nicht festgelegt) oder LGBTIA* (I = *Intersex*: intergeschlechtlich; A = asexuell). Um die Gesamtheit aller sexuellen Orientierungen und Geschlechtsidentitäten miteinzubeziehen, nutzen wir in diesem Buch das Sternchen hinter der Abkürzung.

FAST JEDE ZWEITE LGBT*-PERSON IN EUROPA IM ALTER ZWISCHEN 15 UND 17 JAHREN WIRD IN DER SCHULE VON ANDEREN MENSCHEN IN IHREN RECHTEN UNTERSTÜTZT UND VERTEIDIGT. FAST DIE GLEICHE ANZAHL GIBT AN, DASS DAS THEMA LGBT* IN IHRER SCHULE BEHANDELT WIRD.

Model und Schauspielerin **CARA DELEVINGNE** bezeichnet sich selbst als genderfluid und pansexuell.

STEMPEL, SCHUBLADEN UND ETIKETTEN

Es liegt in der Natur des Menschen, dass wir Dinge oft in bestimmte Kategorien einteilen, abstempeln, in Schubladen packen oder mit einem Etikett versehen wollen. Und obwohl das manchmal nervig sein kann, ermöglicht es uns auch, uns in wenigen Worten selbst zu definieren. Manche Menschen fühlen eine gewisse Erleichterung, wenn sie sich selbst als schwul, lesbisch, bi* oder trans* bezeichnen, denn dann können sie sich zu einer riesigen Community dazuzählen. Außerdem kann eine solche Definition dabei helfen, anderen die eigene Geschlechtsidentität oder sexuelle Orientierung zu erklären. Auf den nächsten Seiten haben wir einige dieser Labels aufgezählt. Es ist aber auch absolut in Ordnung, wenn du dich überhaupt nicht entscheiden oder einordnen lassen möchtest. Wir alle sind einzigartig und können selbst über unsere eigene Identität bestimmen. Und nur weil du dich vielleicht einmal für eine Richtung entschieden hast, heißt das nicht, dass du diese das ganze Leben lang beibehalten musst. Gefühle können sich ändern – daran ist nichts Schlimmes. Sei mutig und trau dich, deine eigene Wahrheit zu leben!

SEXUELLE ORIENTIERUNGEN & GESCHLECHTLICHE IDENTITÄTEN

HETEROSEXUELL

Bei der wohl häufigsten sexuellen Orientierung fühlen sich Frauen von Männern angezogen und Männer von Frauen.

HOMOSEXUELL

Das Wort »homosexuell« drückt ganz allgemein aus, dass man sich sexuell zu seinem eigenen Geschlecht hingezogen fühlt. Es stammt ursprünglich aus der Medizin, daher verwenden einige Schwule und Lesben den Begriff für sich selbst nicht so gerne, weil er inhaltlich den Schwerpunkt auf Sex legt und nicht auf andere Arten der Zwischenmenschlichkeit, zum Beispiel auf die romantische Liebe.

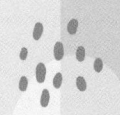

LESBISCH

Im sechsten Jahrhundert vor Christus schrieb die Dichterin Sappho einige Werke, die sich mit der Liebe zwischen Frauen beschäftigten. Sie lebte auf der griechischen Insel Lesbos, von der sich der Begriff »lesbisch« ableitet. Seit den 1960er-Jahren wird das Wort für Frauen verwendet, die sich auf sexuelle und/oder romantische Weise von anderen Frauen angezogen fühlen.

SCHWUL

»Schwul« ist die häufigste Selbstbezeichnung von Männern, die Sex mit anderen Männern haben oder sich in andere Männer verlieben. Im englischen Sprachraum wird dafür das Wort *gay* benutzt, das auch lesbische Menschen einschließen kann.

BI*SEXUELL

Menschen, die sich emotional, romantisch oder sexuell zu mehr als nur einem Geschlecht hingezogen fühlen, bezeichnen sich oft als bi*sexuell. Die lateinische Vorsilbe »bi« bedeutet übersetzt »zwei« und das Sternchen soll ausdrücken, dass es mehr als nur zwei Geschlechter gibt.

PANSEXUELL

Menschen, die sich als pansexuell bezeichnen, möchten sich grundsätzlich nicht festlegen, in welches Geschlecht sie sich verlieben oder von wem sie sich angezogen fühlen. Oft ist die Geschlechtsidentität einer Person für sie nicht ausschlaggebend, sondern allein der Mensch und dessen Charakter zählen.

ASEXUELL

Ein asexueller Mensch empfindet anderen Menschen gegenüber keine oder wenig sexuelle Anziehung. Das bedeutet nicht, dass Asexuelle gar keinen Sex haben. Manche befriedigen sich selbst oder haben Sex, weil sie es schön finden, ihren Partner*innen nahe zu sein, oder weil sie sich ein Kind wünschen.

AROMANTISCH

Ein aromantischer Mensch möchte keine romantische Beziehung eingehen oder verspürt keine romantische Anziehung. Asexualität und Aromantik sind zwei eigenständige sexuelle Orientierungen. Manche Menschen sind nur das eine, manche nur das andere und einige sind sowohl asexuell als auch aromantisch.

TRANS*/TRANSGENDER/TRANSSEXUELL

Trans*-Menschen fühlen sich nicht oder nur teilweise dem körperlichen Geschlecht zugehörig, das ihnen bei der Geburt zugewiesen wurde. Sie legen für sich selbst fest, als welches Geschlecht sie sich bezeichnen und wie sie leben möchten. Transgender ist ein Oberbegriff für alle Menschen, die nicht den gängigen Geschlechterrollen entsprechen. Manche Trans*-Menschen haben den Wunsch, ihren Körper durch hormonelle oder operative Maßnahmen in das Geschlecht umzuwandeln, mit dem sie sich identifizieren. Diese Umwandlung nennt man auch Transition. Da der Begriff »Transsexualität« den Anschein erweckt, dass es dabei um sexuelles Verhalten geht, bevorzugen viele die Begriffe »Transidentität« oder »Transgeschlechtlichkeit«, denn auch unter Trans*-Personen gibt es verschiedene sexuelle Orientierungen.

ÜBRIGENS

TRANSVESTITEN sind Menschen, die zum Vergnügen durch Kleidung, Frisur und/oder Make-up in das stereotypische äußere Erscheinungsbild eines anderen Geschlechts schlüpfen. Dabei spielt die sexuelle Orientierung keine Rolle. Ein männlicher Transvestit ist also nicht automatisch homosexuell.

ÜBRIGENS

Es gibt Menschen, die sich weder als Frau noch als Mann fühlen (**NICHT BINÄR**), sich in keinem Geschlecht (**AGENDER**) oder in beiden gleichzeitig (**BIGENDER**) sehen, ihre Geschlechtsidentität immer mal wieder ändern (**GENDERFLUID**), oder auch solche, die sich überhaupt nicht auf ein Geschlecht festlegen wollen (**GENDERQUEER**).

DU BIST DU!

Fülle diesen Steckbrief aus und zeige, wer du bist!

Name: .... Geburtsdatum: ....

Dein größtes Geheimnis: ....
....

Dein Traumberuf: ....

Wie siehst du dich in fünf Jahren? ....
....

Dein Lieblingsessen: ....

Was ist ganz besonders an dir? ....

Deine größte Angst: ....
....

Was wünschst du dir für dich selbst? ....
....

In welchem Hobby gehst du richtig auf? ....

Wann hast du zuletzt geweint und warum?

....

Was ist dein nächstes großes Ziel? ....

Wie verbringst du am liebsten dein Wochenende?

....

Wann und weshalb hast du das letzte Mal sehr lange gelacht?

....

DAS SIND WIR! 😊

NAME: Vanessa **GEBURTSDATUM:** 27. September 1996

DEIN GRÖSSTES GEHEIMNIS: Dass ich eineinhalb Jahre lang mit Ina zusammen war, ohne jemandem davon zu erzählen.

DEIN TRAUMBERUF:
Ich wollte ursprünglich Moderatorin oder Tierärztin werden.

WIE SIEHST DU DICH IN FÜNF JAHREN?
Verheiratet (mit Bubu natürlich) und mit Kindern

DEIN LIEBLINGSESSEN: LASAGNEEEE!

WAS IST GANZ BESONDERS AN DIR?
Hmmm ... Ich kann mich nicht streiten. 😁

DEINE GRÖSSTE ANGST: Bojen im Meer und Spinnen

WAS WÜNSCHST DU DIR FÜR DICH SELBST?
Dass ich für immer glücklich sein werde

IN WELCHEM HOBBY GEHST DU RICHTIG AUF? Reiten

WANN HAST DU ZULETZT GEWEINT UND WARUM?
Vor drei Tagen, weil ich ganz viel Stress hatte und nicht weiterwusste

WAS IST DEIN NÄCHSTES GROSSES ZIEL?
Ich würde supergerne Nordamerika sehen. 😊

WIE VERBRINGST DU AM LIEBSTEN DEIN WOCHENENDE?
Am liebsten mache ich Serienmarathons mit Bubu. 😁

WANN UND WESHALB HAST DU DAS LETZTE MAL SEHR LANGE GELACHT?
Als ich eine Person im Supermarkt angesprochen und mit ihr geredet habe, weil ich dachte, es wäre Ina. Sie war es aber nicht. 😂

NAME: Ina   **GEBURTSDATUM:** 2. April 1996

DEIN GRÖSSTES GEHEIMNIS:
Ich habe mir mal heimlich ein Piercing stechen lassen.

DEIN TRAUMBERUF: Schauspielerin

WIE SIEHST DU DICH IN FÜNF JAHREN?
Glücklich verheiratet mit einem weiteren Haustier in unserem
eigenen Haus

DEIN LIEBLINGSESSEN: Indisch (Hauptsache scharf)

WAS IST GANZ BESONDERS AN DIR?
Ich sehe immer das Gute im Menschen.

DEINE GRÖSSTE ANGST:
Jemanden zu verlieren, und vor Tauben

WAS WÜNSCHST DU DIR FÜR DICH SELBST?
Gesundheit und Zufriedenheit

IN WELCHEM HOBBY GEHST DU RICHTIG AUF? Tennis!

WANN HAST DU ZULETZT GEWEINT UND WARUM?
Vor ein paar Tagen vor Nessi, ich hatte Angst vor meinem Zahnarztbesuch.

WAS IST DEIN NÄCHSTES GROSSES ZIEL?
Mein Studium zu beenden

WIE VERBRINGST DU AM LIEBSTEN DEIN WOCHENENDE?
Auf Flohmärkte gehen und die Familie besuchen ❤️

WANN UND WESHALB HAST DU DAS LETZTE MAL SEHR LANGE GELACHT?
Heute früh, weil ich laut gepupst habe 😂

UNSER KENNEN-LERNEN

Mit zwanzig spürte ich immer stärker, dass ich aus Brandenburg raus musste – und rein nach Berlin. Ich wollte feiern gehen, neue Menschen kennenlernen und die Stadt entdecken.

Ina und ich waren zwei Jahre lang auf derselben Schule gewesen, hatten dort aber eigentlich keinen Kontakt miteinander gehabt. Wir fuhren lediglich mit demselben Schulbus. Ich kann mich noch daran erinnern, dass Ina immer sehr dunkle, entweder schwarze oder rote Haare hatte und stark geschminkt war. Da war ich mit meinen Blumenkleidchen eher der Gegensatz zu ihr. Wir »freundeten« uns – wie man das damals eben so mit fast allen Mitschüler*innen gemacht hat – auf Facebook an und waren darüber jahrelang virtuell verknüpft – ohne je direkten Kontakt zu haben. Dann fand ich Ina eines Tages durch Zufall auf Instagram und schrieb sie an. Sie hatte sich ihre Haare gefärbt und nun einen blonden Bob, was wunderschön aussah. Da ich mir zu dieser Zeit auch meine Haare blond färben *wollte, schrieb ich sie einfach mit »Heftig, wie schön du bist!« an. Keine Ahnung, was ich mir dabei gedacht habe. Ich wollte ihr einfach ein Kompliment machen – ganz ohne Hintergedanken. Ich finde es sowieso superschade, dass Menschen sich im Alltag so wenige Komplimente machen.*

VANESSA Heftig, wie schön du bist!

INA Ohhh danke

Kann ich nur zurückgeben

Wollte ich nur einfach mal sagen – ich glaub sowas hört man gerne

Das ist wohl wahr. Sehr lieb von dir :*

Gerne süße ❤ – mach dir noch nen schönen Abend, vielleicht läuft man sich ja mal über den Weg 👆

Wünsch ich dir auch.

Was treibst du denn jetzt nach der schule?

Ich studiere BWL (das was Menschen machen Die nicht wissen was sie in Zukunft machen sollen 😛) und du? 🌸

Irgendwas muss man ja tun.

Ina freute sich sichtlich über mein Kompliment und wir kamen darüber ins Gespräch – überwiegend über ihre neue Haarfarbe und meinen Entschluss, meine Haare auch blond zu färben, was für mich nun feststand. (Kurzer Spoiler: Das ging leider nach hinten los und ich musste mir daraufhin fünfzehn Zentimeter meiner Haare abschneiden. Meine Spitzen sind bis heute fast durchgängig kaputt von meinen Blondierungen.) Da Instagram an diesem Tag unfassbar langsam war und die Nachrichten nicht richtig ankamen, tauschten wir irgendwann Nummern aus.

Ich glaube ich schau mir grad zum zehnten Mal deine Bilder an, diese blonden kurzen Haare sind der Hammer da habe ich selber wieder richtig Lust auf blond! 🙈

Aber blond zerstört die Haare so…

Ja aber es sieht so schön aus! 🌸 Ich musste meine wegen dieser komischen Blondierung einfach mal 20 cm abschneiden. Ohja das war toll.

Wenn ich diese Chatverläufe so lese, werde ich ganz sentimental. Was wäre passiert, wenn mein neunzehnjähriges Ich Ina diese Nachricht am 20. März 2016 nicht geschrieben hätte? Was wäre, wenn ich ihr Bild nicht gesehen oder Ina es nicht hochgeladen hätte? Ich will es mir gar nicht ausmalen.

Denn zum Glück ist das ja alles passiert und wir sind heute unfassbar glücklich zusammen. Beim ersten Treffen am 27. März 2016 besuchte ich sie in Berlin, wir lernten uns richtig kennen und haben über Gott und die Welt gesprochen. Ich hab bei ihr übernachtet und am nächsten Tag kam eine Freundin zu Besuch. Zu dritt haben wir das Spiel »Ich hab noch nie« gespielt und dabei noch mehr übereinander gelernt. Es kam zum Beispiel die Aussage »Ich hab noch nie eine Frau geküsst«, wonach Ina und ich beide einen Schluck nehmen mussten, ihre Freundin aber nicht. Wir hatten also beide schon unsere Party-Kuss-Erfahrungen.
Nach dem zweiten Treffen habe ich mich tatsächlich dann in Ina verliebt. Sie hatte mich zu ihrem Geburtstag eingeladen. Na ja, also nicht so richtig offiziell, sie meinte einfach eine Woche vorher, dass ich dann unbedingt zum Reinfeiern dazukommen soll. Aber am 01. April 2016, einen Tag vor ihrem Geburtstag, saß ich fertig gestylt daheim und wartete auf ihre offizielle Einladung. Ich hörte aber leider nichts von ihr … Die Zeit verging und die Abendstunden brachen an. Ich schrieb ihr um zehn, dass ich schon sehr geknickt war, weil ich gedacht hatte, dass ich eingeladen war. Sie antwortete mir direkt, dass sie wiederum gedacht hatte, ich würde kommen, weil sie mich doch eingeladen hatte. »Komm doch noch!«, schrieb sie mir.

So fuhr ich also spontan eine Stunde in die Stadt zu einem indischen Restaurant, in dem sie mit ihren anderen drei Freundinnen saß. Mir fiel auf, dass ihre Freundinnen sich gar nicht um ein richtig schönes Geschenk für Ina bemüht hatten – lediglich ein Buch und eine Postkarte. Ich fand das richtig schade und dachte mir: »Das arme Mädchen, sie ist so schön und lieb und ihre Freundinnen organisieren gar nichts für sie.« Daher habe ich dann noch schnell etwas improvisiert, ging zur Kellnerin und bat sie, eine Flasche Sekt und Wunderkerzen für den Geburtstag an unseren Tisch zu bringen. An Inas strahlendes Gesicht daraufhin kann ich mich bis heute erinnern.

Ganz besonders angezogen hat mich ihre Attitüde, ihr ganzes Auftreten und ihre Ausstrahlung. Damit hat sie mich völlig in ihren Bann gezogen. Ich fand dieses Mädchen aus Berlin so bemerkenswert und aufregend, denn sie kannte scheinbar alles: alle Bars, Clubs, Cafés – irgendwie die komplette Stadt. Im Gegensatz zu mir, die als Dorftrottel nicht mal wusste, wohin die S3 fährt und auf welcher Seite man in die Bahn einsteigen musste.

Bis zu diesem Zeitpunkt dachte ich noch, dass ich komplett auf Männer stehe und Frauen einfach nur schön finde. Aber Ina hat meine Welt ganz schön auf den Kopf gestellt. Wir wurden sehr schnell enge Freundinnen, was leider bei mir dazu führte, dass ich meine anderen Freund*innen vernachlässigte und teilweise sogar anlog. Ich machte Ina vor ihnen schlecht und winkte einfach immer ab, wenn die Sprache auf sie kam. Dafür schäme ich mich bis heute noch sehr, aber ich kann es mir nur als einen Schutzmechanismus erklären: Meine Freund*innen würden wohl nicht auf die Idee kommen, dass da mehr zwischen Ina und mir lief, wenn sie hörten, wie schlecht ich über sie redete. Selbst Sophie, meine damalige Mitbewohnerin und eigentlich meine beste Freundin, log ich eiskalt an – was mir bis heute leidtut.

Ich wusste eigentlich, dass sie niemals etwas dagegen haben würde, dass ich Frauen toll finde, aber ich traute mich damals trotzdem nicht, mit ihr darüber zu reden. Ich wusste ja selbst nicht wirklich, was mit mir los war.

Und dann kam der Tag, der Tag nach Inas Geburtstag, an dem ich den folgenden Satz in mein Tagebuch schrieb:

VANESSA / 03. APRIL 2016   Hello — Adele

Ich habe mich verliebt. Allerdings in den falschen Menschen. Sie heißt Katharina und kommt aus Prenzlauer Berg.

Als ich diese Zeilen in mein Tagebuch schrieb, hätte ich eigentlich merken können, was das bedeutete: dass ich »anders« bin als die anderen. Dass ich auf das gleiche Geschlecht stehe und wohl lesbisch bin. Tatsächlich war mir das aber immer noch nicht bewusst und ich wollte auch mit niemandem darüber reden, weil ich mich damals für meine Gefühle schämte. Niemand wusste davon – nur mein Tagebuch, in das ich alle zwei Monate etwas reinschrieb. Vielleicht wären die ganze weitere Entwicklung und mein Coming-out leichter für mich gewesen, wenn ich zu diesem Zeitpunkt mit Sophie darüber geredet hätte. Aber irgendwie entschied ich mich für den schwereren Weg, machte alles mit mir allein aus und verletzte nicht nur mich, sondern auch einige Menschen um mich herum. Ich verlor kein Wort über meine Gefühle und versteckte mein Tagebuch so gut, dass es niemand finden konnte. Und dabei hatte ich Ina immer noch erst zweimal seit unserem ersten Chat auf Instagram getroffen – wie schnell kann man sich eigentlich verlieben?

(Falls sich an dieser Stelle jemand fragt, wieso ich da ein Lied von Adele mit dazugeschrieben habe: Das ist für mich sehr stark mit Ina verbunden. Es lief damals überall hoch und runter, und Ina erinnerte mich mit ihrer Frisur und ihrem Gesicht total an Adele. Und daher mochte ich diese Sängerin von da an noch tausendmal mehr!)

Manchmal frage ich mich, warum ich es nicht früher bemerkt habe, dass ich auf Frauen stehe. Aber es war vor Ina auch nie so deutlich. Klar, ich fand eine Lehrerin mal toll und auch zwei, drei meiner Freundinnen hübsch. Aber eben nur hübsch – ich war nie verliebt oder auch nur verknallt. Erst bei Ina war das anders. Immer wenn ich sie sah, hatte ich verschwitzte Hände und ein Kribbeln im Bauch. Und immer wenn sie nicht bei mir war, fehlte sie mir. Ich habe sie sogar ein bisschen gestalkt (tut mir leid, Bubu). Es ging zum Teil so weit, dass ich täglich nachgeschaut habe, wem sie alles folgte, und auf der Snapchat-Karte checkte, wo sie gerade war. Dieses Verhalten war für mich sehr untypisch und ich hatte so etwas vorher noch nie gemacht. Aber ich war eben verliebt und wollte Ina mit niemandem teilen.

Meine Familie ahnte übrigens zu diesem Zeitpunkt schon, dass ich lesbisch bin. Meine Mama, mein Papa und sogar meine Großeltern hatten mich darauf angesprochen, als ich ungefähr fünfzehn war. Ich hatte es aber immer verneint, weil ich mir einfach noch nicht sicher war. Bis ich alles für mich reflektiert und die Texte für dieses Buch geschrieben hatte, wusste ich aber nicht, wie meine Familie das vor mir hätte bemerken haben können.

Deswegen sprach ich meine Mama letztens darauf an und sie erzählte mir, dass ich als Kind grundsätzlich nicht so gerne von Männern auf den Arm genommen werden wollte und dann fürchterlich ge-

schrien oder geweint habe – außer bei meinem eigenen Papa. Als ich dann in die Pubertät kam, fiel ihr auf, dass ich nie Jungs mit nach Hause brachte oder über sie sprach. Und so kam die Vermutung auf, dass ich lesbisch sein könnte. Ich fand es interessant zu hören, dass meine Mama diese Dinge an mir schon als Baby bemerkt hatte. Und wenn man das wirklich darauf übertragen kann, dass ich auf Frauen stehe, fände ich das schon krass! Aber selbst wenn das ein Zufall war, ist es doch bemerkenswert, welche Bindung Eltern zu ihren Kindern haben – eine Tatsache, der ich mir gar nicht so bewusst war.

Passend dazu war es auch meine Mama, die mich dann auf Ina ansprach: denn irgendwann war es schon ziemlich offensichtlich, dass ich mit ihr in einer Beziehung war. Trotzdem haben wir uns lange Zeit nicht vor unseren Familien geoutet. Als ich dann eines Tages zusammen mit Ina ein neues WhatsApp-Profilbild einstellte, fragte mich meine Mama, ob wir zusammen seien. Das habe ich verneint: »Mama, wir sind nur Freundinnen, was denkst du von mir?« Ich kann mich noch sehr genau an die Situation erinnern, wir fuhren gerade im Auto zu einem Möbelhaus. Klar, ich hätte genau dann auch die Chance nutzen können, um mich vor ihr zu outen, und es macht mich heute auch ein bisschen traurig, dass ich es nicht gemacht habe. Aber für mich war damals schon klar, dass ich den Zeitpunkt meines Coming-outs selbst bestimmen wollte und es nicht tun musste, nur weil mich jemand danach fragte.

Ina

Mit neunzehn lernte ich Vanessa näher kennen. Sie hatte mich bei Instagram angeschrieben, nachdem wir einige Jahre zuvor auf dieselbe Schule gegangen waren. Weil es aber einfach cool war, möglichst viele Facebook-Freund*innen und auch Abos auf Instagram zu haben, addete oder abonnierte man alle, die man jemals gesehen hatte 😂.

> **VANESSA** *Oh ja, ich hatte auch soo viele Facebook-Freund*in-nen – auch wenn ich die meisten Menschen vielleicht nur einmal im Leben gesehen hatte 😁!*

Ich hatte lange Zeit rote Haare und mochte es, aufzufallen (meine Haare waren echt seeeehr rot, so sehr, dass sie schon geleuchtet haben).

> *Die sahen so schön aus!*

Als ich eines Tages eine Veränderung wollte, entschied ich, meine Haare blond zu färben. Das hat beim ersten Mal nicht geklappt, sie wurden eher orange, und es dauerte dann noch einige Friseurbesuche, aber irgendwann waren sie blond! Da ich Lust auf etwas richtig Neues hatte, entschied ich mich aber auch zu einer neuen Frisur. Und: Ta-daa, da war er, mein blonder Bob. Noch am selben Abend bat ich meine Halbschwester, Bilder von mir zu machen, damit ich direkt eines hochladen und meine Veränderung mit allen teilen konnte. Ich bekam daraufhin echt viele nette Kommentare und unter anderem eben auch eine neue DM – von Vanessa. Ich konnte mich zu diesem Zeitpunkt dunkel an sie erinnern und wusste, dass wir mal zusammen zur Schule gegangen waren. Auch wenn ich sie ja gar nicht wirklich kannte, beschloss ich, auf ihre Nachricht zu antworten, in der sie mir ein Kompliment zu meinen neuen Haaren und meiner neuen Frisur machte. Wir tauschten uns dann darüber aus, wie es uns in den letzten Jahren ergangen war, und begannen, uns zu schreiben. Das war so cool, dass wir uns direkt auf Anhieb so gut verstanden!

> *Natürlich nur dank meiner charmanten Scheibweise 😊.*

Nach kurzer Zeit tauschten wir dann Nummern aus und vereinbarten ein Treffen. Und
es dauerte nicht lange, da trafen wir uns jedes
Wochenende, telefonierten täglich und hatten
uns wirklich richtig lieb.

Also das mit dem »jedes Wochenende treffen« stimmt nicht so ganz. Ich wollte das zwar, aber Ina konnte leider nur jedes zweite 😟 …

Schnell wurden wir beste Freundinnen. Wir gingen am Wochenende
nach der Arbeit zusammen feiern und tranken das eine oder andere
Glas Alkohol. Zu diesem Zeitpunkt beschäftigte mich mein Coming-
out aber noch nicht wirklich. Als wir über Küsse mit Mädchen sprachen, erfuhr ich, dass Vanessa das bereits auch mal auf einer Party
gemacht hatte. Ich antwortete dann, dass ich auch schon mal ein Mädchen geküsst und dass es mir gefallen hatte – einige Jahre zuvor, auf
einem Spielplatz auf einer Bank. Die romantischen Orte hatte ich da
noch nicht raus.

Du denkst jetzt vielleicht: Aber spätestens da
muss es doch zwischen euch gefunkt haben,
oder?! Richtig, das hatte es auch. Zu diesem
Zeitpunkt im Gespräch war ich schon vollkommen von Vanessa in den Bann gezogen.

Es ist irgendwie so komisch für mich, das jetzt zu lesen. Ich habe damals genau das Gleiche gefühlt. Schade, dass wir nicht direkt darüber ge- redet haben …

Schon nach kurzer Zeit merkte ich, dass ich sie viel mehr vermisste als
meine anderen Freundinnen und dass ich wirklich immer bei ihr sein
wollte. Einmal küsste ich sie sogar. Im Nachhinein ist es komisch, dass ich
da immer noch nicht geschaltet hatte – aber ich habe mir keine Gedanken
darüber gemacht, was das für mich oder meine Zukunft bedeuten könnte,
sondern wirklich einfach nur die Gegenwart genossen. Ich war so glücklich. Wir sind oft zusammen ausgegangen und haben uns sogar immer
wieder mal geküsst. Trotzdem hatte ich immer noch nicht verstanden, was
bei uns los war – und war nach wie vor fest davon überzeugt, einen Jungen
zu suchen. Das sagte ich auch zu Vanessa – sie
war schließlich meine beste Freundin.

Jap, zu oft. Danke dafür 😁!

Sie hatte da aber schon starke Gefühle für mich entwickelt, was ich allerdings noch nicht kapiert hatte – und so datete ich weiter Jungs. Aus der Gewohnheit heraus dachte ich auch weiterhin, ich müsste unbedingt etwas über Jungs erzählen. Ich berichtete also Vanessa von meinen Dates und bat sie sogar um Hilfe.

> *Ich habe Ina auch wirklich sehr gerne geholfen. Ich dachte mir, wenn schon nicht ich, dann würde wenigstens ein Junge immer auf sie aufpassen …*

Mir war nicht klar, wie doll ich sie damit verletzte. Nach einiger Zeit begriff ich dann doch irgendwann, dass auch ich starke Gefühle für sie entwickelt hatte und sie für mich nicht mehr nur eine Freundin war. Ich konnte einfach nicht mehr ignorieren, wie sehr ich sie vermisste, wenn wir nicht zusammen waren, und wie eifersüchtig ich in Bezug auf sie war: Immer wenn sie mir von Verabredungen mit anderen erzählte, zog sich alles bei mir zusammen. Ich dachte mir, sie könnte ja schließlich auch etwas mit mir unternehmen! Man könnte jetzt meinen, dass ja an Gefühlen nichts falsch ist und dass es gut war, dass ich es für mich endlich begriffen hatte – denn genau das hatte ich bis dahin auch gedacht –, aber ganz so leicht war es dann leider nicht …

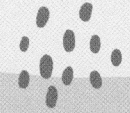

»DAS GLÜCK IST DAS EINZIGE, WAS SICH VERDOPPELT, WENN MAN ES TEILT.«

Albert Schweitzer

Wie viele Menschen auf der Welt sich der LGBT*-Community zugehörig fühlen, kann man nicht genau sagen. Es gibt jedoch eine Umfrage von 2016, laut der sich ca. 6 % aller Europäer*innen als LGBT*-zugehörig bezeichneten. In Deutschland waren es 13,4 % der Frauen und 8,5 % der Männer, die angaben, homo-, bi*- oder asexuell zu sein. 14 % der befragten Frauen und 10 % der Männer wollten sich nicht dazu äußern und der Rest gab an, ausschließlich heterosexuell zu sein.

JETZT MAL KLARTEXT:

FLAGGEN FÜR ALLE!

Was ist genauso bunt und vielfältig wie ein Regenbogen? Geschlechtsidentitäten und sexuelle Orientierungen! Die Regenbogenflagge (oder auch LGBT* Pride Flag) hast du sicherlich schon mal gesehen, denn sie gilt als das internationale Symbol für die gesamte LGBT*-Bewegung. Das erste Mal tauchte sie 1978 auf. Auch wenn diese Flagge alle Menschen der queeren Community vereinen soll, haben sich mit der Zeit eigene Flaggen für bestimmte Liebesformen und Identitäten etabliert. Wir haben dir nur ein paar von ihnen hier abgebildet und deren Bedeutung erklärt.

REGENBOGENFLAGGE

Leben - - -
Heilung/Gesundheit - -
Sonnenlicht - - -
Natur - -
Harmonie - - -
Geist -

LESBISCHE PRIDE FLAG

Unabhängigkeit
Community

Liebe und Sex
Femininität

- - Abgrenzung von bestehenden
Geschlechterstereotypen
- Besondere Beziehung
zu Weiblichkeit
Klarheit und Frieden

BI*SEXUELLE PRIDE FLAG

Gleichgeschlechtliche Liebe - -
Liebe zu einem Menschen
unabhängig von der Geschlechtsidentität
Liebe zu einem anderen Geschlecht - -

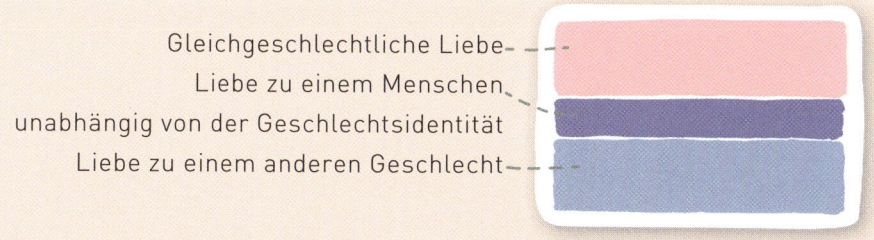

TRANS* PRIDE FLAG

Die Farbe, die die Gesellschaft neu-
geborenen Jungs zuteilt
Die Farbe, die die Gesellschaft neu-
geborenen Mädchen zuteilt
Steht für Menschen, die sich als
geschlechtslos bezeichnen oder sich
im Übergang befinden, ein anderes
Geschlecht anzunehmen

INTER* PRIDE FLAG

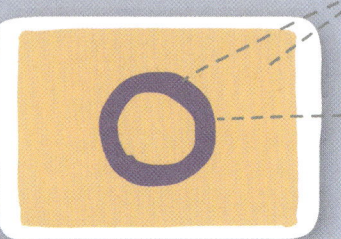

Farben, die von der Gesellschaft nicht geschlechtsspezifisch verwendet werden

Der Kreis steht für das Ganze und Ungebrochene und symbolisiert, dass man vollkommen ist – so wie man geboren wurde.

WIR WUSSTEN AM ANFANG GAR NICHT, DASS ES SO VIELE FLAGGEN GIBT!

DEINE EIGENE FLAGGE!

Wie würde deine Flagge aussehen? Welche Farben und Formen kämen darin vor? Gibt es bestimmte Gegenstände, die dich ausmachen und dort nicht fehlen dürfen?

Du kannst in die Vorlage zeichnen oder malen, Bilder einkleben oder sie mit Glitzer veredeln – ganz, wie es sich für dich richtig anfühlt!

DIE COUPLEONTOUR-FLAGGE

Unsere Flagge wäre natürlich eine Bubu-Flagge.
Wie sollte es auch anders sein? So würde sie aussehen:

WAS IST DAS ZWISCHEN UNS?

Obwohl ich schon in mein Tagebuch geschrieben hatte, dass ich mich in Ina verliebt hatte, dachte ich lange, dass es nur Neugier wäre. Ich war überzeugt, dass ich es nur mal ausprobieren musste mit einem Mädchen und die Neugier dann verschwinden würde. Vielleicht war das auch ein Grund, weshalb ich mit niemandem darüber sprach – ich dachte: »Das geht schon wieder vorbei.« Woher sollte ich auch wissen, wie es mit einer Frau war, wenn ich es nicht ausprobierte? Da Ina mir nicht das Gefühl gab, dass sie mehr als Freundschaft von mir wollte – abgesehen von den gelegentlichen betrunkenen Partyküssen –, hatte ich die folgende Mission: Ich wollte herausfinden, ob ich auf Frauen stehe (ob mit Ina oder ohne sie). Also hielt ich die Augen nach attraktiv aussehenden Frauen offen.

> **INA** Oha, wie gemein! Dass es ihr egal war, ob mit oder ohne mich 😁
> Ich kann total nachvollziehen, dass Nessi sich gefragt hat, ob das nur eine Phase ist, das ist ja ein typischer Gedanke in so einer Situation.

Ich muss gestehen, dass ich viele Frauen sehr schön und interessant fand – aber niemand kam ansatzweise an Aww! *Ina heran.*

Ich hatte zu der Zeit eine Bekannte, sie hieß Antonia. Sie steckte mir in einem Gespräch mal beiläufig, dass sie bisexuell ist. Ich fand das natürlich total interessant. Eines Tages meinte sie zu mir, dass sie am Wochenende in einen LGBT*-Club in Berlin gehen würde. Ich ergriff daraufhin die Initiative und sagte ihr, dass ich gerne mitkommen wollte. Und sie fragte: »Warum?« Ich erklärte ihr also, dass ich Frauen auch interessant fände und gerne herausfinden würde, ob mehr dahintersteckte. Irgendwie fühlte ich mich bei ihr so sicher, dass ich ihr das anvertrauen konnte – vielleicht, weil sie auch auf Frauen stand.

Ich muss gestehen, dass ich mit meinen damals zwanzig Jahren, also vor der Zeit mit Ina, kaum Cluberfahrung hatte. Ich wohnte schließlich draußen in Brandenburg und fuhr nicht gerne alleine nachts aus Berlin mit der Bahn nach Hause. Da Antonia aber im gleichen Dorf wohnte wie ich, konnten wir einfach gemeinsam nach Hause fahren.

Ich wollte mich richtig schick machen – nur wie? Letztlich entschied ich mich für eine Rissjeans und ein bauchfreies Oberteil, denn mir war klar: An diesem Abend würde ich herausfinden, ob ich auf Frauen stand. Und das ohne Ina. Ich bin mir nicht sicher, aber glaube, dass ich Ina damals sogar gefragt hatte, ob sie mitkommen wollte, aber sie war schon verplant und musste am nächsten Tag früh aufstehen.

Nein, so direkt hat Nessi mich nicht gefragt, daran würde ich mich erinnern! Vielleicht hat sie ganz allgemein gefragt, ob ich mit ihr feiern gehen wollte. Hätte sie mir erzählt, wo sie hingeht, wäre ich vielleicht sogar mitgegangen – aber das weiß ich jetzt so auch nicht. Ich kann ansonsten total nachvollziehen, dass sie losgezogen ist, um herauszufinden, ob sie auf Frauen steht. Das muss für sie ja voll belastend gewesen sein und ich hätte es an ihrer Stelle wahrscheinlich genauso gemacht. Und vermutlich hätte ich es auch niemals so lange ausgehalten. Vor allem nicht, wenn das Gegenüber einem das Gefühl gibt, dass da nichts ist …

Und dann war ich dort – vor diesem Club. Einem Club voller Geheimnisse, voller Frauen und mittendrin: ich. Ich hatte mir wirklich fest vorgenommen, dass ich es in dieser Nacht herausfinden würde: Bin ich einfach neugierig darauf, wie es mit Frauen ist, oder geht es wirklich darum, dass ich Ina liebe? Ich musste es wissen, es machte mich wahnsinnig. Seit Wochen drehte sich alles in meinem Tagebuch nur um Ina und ich wollte wissen, ob wirklich etwas dahintersteckte.

Ich weiß noch genau, wie mir dann eine junge Frau mit langen blonden Haaren auf der Tanzfläche auffiel und Antonia zu mir meinte, dass ich sie doch mal ansprechen solle.

»Sonst wirst du es niemals herausfinden.« Wenn ich jetzt so diese Zeilen hier schreibe, kommt es mir vor, als wäre das alles gestern gewesen. Ich traute mich tatsächlich, die Frau anzusprechen, und sie war wirklich sehr lieb – mehr aber auch nicht.

Oh wow, da hab ich ja richtig Glück gehabt! Ich will mir gar nicht vorstellen, was mit uns passiert wäre oder nicht passiert wäre, wenn sie sich mit der Frau im Club gut verstanden und danach öfter getroffen hätte oder so. Wow …

Plötzlich fühlte ich mich überhaupt nicht mehr wohl. Ich fragte mich, was ich mir dabei gedacht hatte. Hatte ich wirklich geglaubt, dass mir eine Nacht in einem Berliner Club meine Fragen beantworten konnte? Letztendlich war der Abend ganz nett und wir fuhren nach drei Stunden auf der Tanzfläche nach Hause. Danach war ich nur zwei weitere Male in diesem Club, weil er mir echt nicht besonders gut gefallen hat – ich finde, es sollte wirklich mehr (gute) LGBT*-Clubs oder -Bars in Berlin geben! Mit einer besseren Atmosphäre und anderer Musik. Statt Elektro und Techno vielleicht auch mal Hip-Hop und Schlagermusik. Außerdem hat mich der große Raucherbereich dort sehr gestört – und die lange Warteschlange. Na ja, man versteht also, warum es mich da nicht allzu oft hingezogen hat … Auf dem Heimweg an diesem Abend ließ ich alles in der S-Bahn noch mal Revue passieren und mir wurde *dabei eins bewusst: Ich wollte niemanden kennenlernen und es auch mit niemandem ausprobieren – außer mit Ina.*

Und wieder: Aww …

Ich wollte sie, ich liebte sie und wollte, dass sie das Gleiche fühlte wie ich. Aber ich konnte es nicht erzwingen und mich auch nicht dazu überwinden, es ihr zu sagen. Ich hatte Angst, dass ich sie damit verlieren und unsere Freundschaft zerstören würde.

Ach, warum hat sie es mir nicht einfach schon zu dem Zeitpunkt gesagt …?

Was wäre, wenn ich ihr von meinen Gedanken erzählte und sie sich dann von mir abwendete? Das wollte ich auf keinen Fall! Ich wollte lieber mit diesem Liebeskummer leben und wenigstens mit ihr befreundet bleiben, statt sie möglicherweise nie mehr wiederzusehen. Diese schmerzhafte Zeit zog sich über ein halbes Jahr hin. Ich bin froh, dass ich mich damals wenigstens meinem Tagebuch anvertrauen konnte.

Oh Mann, das ist soo traurig! Das tut mir einfach mega leid, ehrlich. Und das Ganze nur, weil ich mir selbst im Weg stand. Andererseits können wir wohl froh sein, dass es in dem Fall »nur« ein halbes Jahr war – und nicht ein halbes Leben, wie man das leider auch von Menschen aus der Szene hört …

Als ich nach dem Clubabend endlich zu Hause angekommen war, blätterte ich durch mein Tagebuch und stieß auf einige interessante Einträge, wie den folgenden, den ich zwei Wochen zuvor geschrieben hatte:

VANESSA / SONNTAG, 8. MAI 2016

Ich hoffe, dass ich meine Hausarbeit bestanden habe. Ich hoffe es sooo sehr. Mit Ina läuft alles super. Ich war gestern wieder bei ihr und es tat mir einfach supergut. Ich komme aus dem Dorf raus und lerne die Stadt kennen. Sie fehlt mir auch immer ziemlich schnell. Irgendwie ist sie wie eine Seelenverwandte für mich. #20032016

Am 20. März 2016 hatten wir uns zum ersten Mal geschrieben – das Datum war mir dementsprechend damals schon unglaublich wichtig. Beim Blättern durchs Tagebuch spürte ich, dass sie mir schon wieder fehlte. Du kannst dir gar nicht vorstellen, wie oft ich durch dieses Tagebuch geblättert habe. Könnte sie sich nicht einfach auch endlich in mich verlieben?

Aber daraus wurde eine ganze Zeit lang nichts. Ina hatte Augen für jede*n – nur nicht für mich. So fühlte es sich zumindest an. Wir waren monatelang sehr eng befreundet und machten alles zusammen. Und sie zeigte mir die Stadt. Ich fand Berlin so toll, dass ich im September 2016 beschloss, umzuziehen. Ich wollte aus meiner WG mit Sophie raus und in meine eigene Wohnung nach Berlin ziehen. Auch wenn wir uns bis dahin immer gut verstanden hatten, so war jetzt irgendwie die Zeit gekommen, dass jede von uns ihren eigenen Weg gehen sollte. So ganz passten wir auch nicht mehr in einer WG zusammen: Während sie großen Wert auf den frühen Vogel und Ordnung legte, wollte ich lange schlafen und auch mal meine Sachen rumliegen lassen. Ich hatte dann sogar direkt Glück und fand eine tolle Zweizimmerwohnung in Alt-Hohenschönhausen – leider auf Kosten meiner Freundschaft mit Sophie.

VANESSA / MONTAG, 17. OKTOBER 2016

Mit Sophie geht es leider immer mehr bergab. Aber sie darf auf keinen Fall alles über mich und Ina wissen. Das darf niemals passieren!

Dieser Eintrag zeigt wohl sehr deutlich, dass ich einfach zu viele Geheimnisse vor Sophie hatte, die ja eigentlich damals meine beste Freundin war. Aber ich brachte es nicht übers Herz, ihr von der ganzen Sache zu erzählen. Ich wollte diesen Liebeskummer allein durchstehen und niemanden mit hineinziehen. Die Kluft zwischen uns wurde aber dadurch immer größer und irgendwann schrieben wir uns überhaupt nicht mehr. In dieser Zeit habe ich meine ganze Familie und alle meine Freund*innen wirklich nicht gut behandelt – aus reiner Unsicherheit. Ich wollte mit niemandem über Ina und meine Gefühle reden. Zusätzlich kam es mir so vor, als würde ich alle anlügen, wenn ich mit ihnen sprach, ohne dabei meine Gefühle zu Ina zu erwähnen. Also sprach ich lieber gar nicht mit ihnen, sondern distanzierte mich von allen und überlegte fieberhaft, was ich tun könnte, damit Ina sich so schnell wie möglich in mich verliebte.

Das kann ich alles so nachvollziehen und verstehen – zu einhundert Prozent. Man lügt zwar nicht, aber man sagt eben auch nicht die Wahrheit, was einen dann unter Druck setzt. Ich glaube, für Nessi war das halbe Jahr noch schwerer als für mich, weil sie sich, im Gegensatz zu mir, schon eingestanden hatte, dass da bei uns Liebe mit im Spiel war.

DER WEG
IST DAS ZIEL.

JETZT MAL KLARTEXT:

EINE BUNTE PARTY MIT ERNSTEM HINTERGRUND:
DER CHRISTOPHER STREET DAY!

Wir schreiben das Jahr 1969. Auch wenn zu dieser Zeit die Hippie-
bewegung für freie Liebe kämpft – also für freie Partnerwahl und
wechselnde Lebensgefährt*innen –, halten sich die meisten homosexuellen Menschen bedeckt und leben ihre Sexualität nicht offen
aus. Doch am 28. Juni passiert in New York etwas, das die Szene in
Bewegung bringt: Die Polizei führt eine ihrer regelmäßigen Razzien
in Schwulenbars durch, doch zum ersten Mal stoßen die Polizist*innen auf ernsthaften Widerstand. Die Gäste des »Stonewall Inn« in
der Christopher Street lehnen sich gewaltsam gegen die Diskriminierung auf und es kommt daraufhin zu Straßenschlachten.
Nach diesen Unruhen entsteht eine neue Bewegung der Emanzi-
pation. Es bilden sich Gruppen, die öffentlich für die Toleranz von
homosexuellen Menschen kämpfen. Ein Jahr nach dem Aufstand
demonstrieren in New York rund 4000 Menschen, um an das Ereig-
nis in der Christopher Street zu erinnern. Mit der Zeit folgen Schwule und Lesben aus anderen Städten und Ländern ihrem Beispiel.
Aus den kleinen Demonstrationen sind mittlerweile große Events
geworden, die auf der ganzen Welt an einem oder mehreren Tagen
im Sommer gefeiert werden. Das Ziel der Festivals und Paraden ist
noch immer, sich öffentlich für die rechtliche und gesellschaftliche
Gleichstellung von LGBT*-Menschen einzusetzen.

WIR SIND NICHT KRANK!

Bis zum 17. Mai 1990 galt Homosexualität weltweit noch als Krankheit, die behandelt werden sollte. An besagtem Tag beschloss die Weltgesundheitsorganisation, diese Diagnose aus der Liste der psychischen Krankheiten zu streichen, was dann im März 1994 endlich auch umgesetzt werden konnte. Seit 2005 wird daher am 17. Mai der Internationale Tag gegen Homo-, Bi-, Inter- und Transphobie (englisch: *International Day Against Homophobia, Biphobia, Interphobia and Transphobia*, kurz: IDAHOBIT*) gefeiert. Dabei geht es darum, ein Zeichen gegen die Diskriminierung von LGBT*-Menschen zu setzen und ihnen eine Stimme zu geben. Denn noch heute geht die Ablehnung manchmal so weit, dass LGBT*-Personen körperliche oder psychische Gewalt erfahren.

IM SOMMER 2020 BRACHTE EIN BEKANNTES SCHWEDISCHES MÖBELGESCHÄFT ZUM IDAHOBIT* EINE LIMITIERTE VERSION IHRER GROSSEN – ÜBLICHERWEISE BLAUEN – TRAGETASCHE HERAUS. DIE »100 % HASS ABWEISENDE« TASCHE IM REGENBOGEN-DESIGN SOLLTE EIN KLARES STATEMENT GEGEN HASS IM ALLTAG SEIN.

FÜNF TIPPS FÜR MEHR SELBSTBEWUSSTSEIN

1 Du bist ein Mensch mit Stärken und Schwächen. Du machst Fehler und das ist in Ordnung. Tatsächlich ist das Fehlermachen wichtig für die persönliche Weiterentwicklung. Nimm es also nicht zu schwer und schau stattdessen auf deine Stärken und Erfolge. Du hast schon so viel geschafft!

2 Stell dich neuen Herausforderungen! Wenn du Angst vor bestimmten Herausforderungen hast, stell dir das Schlimmste vor, das passieren könnte. Oftmals stellt sich dann heraus, dass das gar nicht so schrecklich wäre, wie der Kopf uns einredet. Also sei mutig! Am Ende bist du auf jeden Fall um eine Erfahrung reicher und kannst stolz auf dich sein, etwas gewagt zu haben!

3 Vergleiche dich nur mit dir selbst. Du scrollst durch deinen Instagram-Feed und fühlst dich schlecht? Vielleicht, weil du das Leben der Menschen, die dort Bilder teilen, mit deinem vergleichst. Die Wahrheit ist: Es wird immer jemanden geben, der in irgendetwas besser ist als du. Du bist einzigartig und der einzig sinnvolle Vergleich ist der mit dir selbst. Wo stehst du heute im Vergleich zu vor einem Jahr? Was hast du alles umgesetzt? Wofür kannst du dankbar sein?

4 Tu dir Gutes! Oft wird unterschätzt, wie wichtig es für das Selbstbewusstsein ist, dass man sich Zeit für sich selbst nimmt. Gönne dir Ruhe, treibe Sport, ernähre dich gesund – mache etwas, das dafür sorgt, dass du dich in deinem Körper wohlfühlst. Wenn du dich regelmäßig um dich selbst kümmerst, wirst du bald nachhaltige Veränderungen spüren. #selbstfürsorge

5 Umgib dich mit Menschen, die dir guttun. Gute Freund*innen unterstützen dich, helfen dir und spiegeln dir, dass du wertvoll bist. Sei für deine Freund*innen da und halte dich am besten von sehr negativen Menschen fern.

STATE-MENT

HIER SIND DREI ANMACHSPRÜCHE, MIT DENEN DU AUF KEINEN FALL EINEN FLIRTVERSUCH STARTEN SOLLTEST: 😁

1. Deine Füße müssen weh tun! Du gehst mir schon den ganzen Tag durch den Kopf.

2. Ich glaube, ich bin ein Lichtschalter! Jedes Mal, wenn ich dich sehe, machst du mich an!

3. Heißt du zufällig Google? Denn du bist alles, wonach ich gesucht habe!

SEI DU SELBST!

Was würdest du anziehen, wenn es keine Rolle spielen
würde, was andere dazu sagen? Würdest du Accessoires
wie Schmuck, Brillen, Hüte oder Halstücher tragen?
Male oder klebe hier ganz nach deiner Fantasie ein!

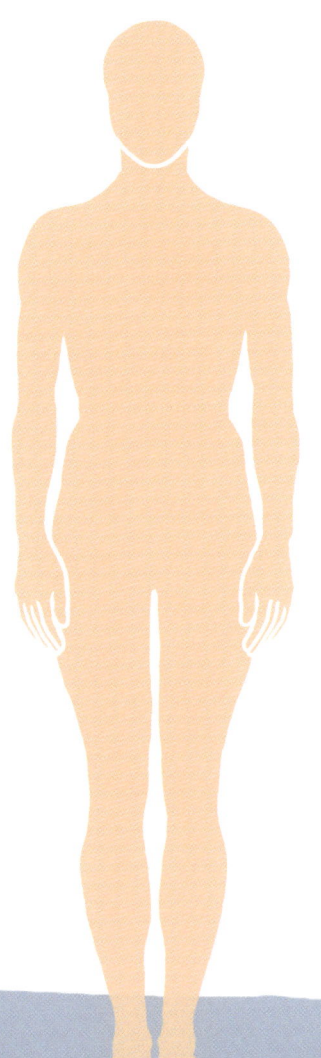

ALLES HALB SO WILD!

Über den Schulhof stolpern oder aus Versehen die falsche
Person anschreiben? Wir sind Menschen – es ist ganz normal,
dass uns peinliche oder unangenehme Dinge passieren.
Wie viele Kreuze kannst du setzen?

ICH HABE NOCH NIE …

… in die Dusche Pipi gemacht. ◯

… jemand Fremdem zugewunken. ◯

… nach einem Friseurbesuch geweint. ✗

… laut über einen schlechten Witz gelacht, den ich nicht verstanden habe. ◯

… im Unterricht laut gerülpst. ✗

… vor anderen so getan, als würde ich mit jemandem telefonieren. ◯

… Kaugummi im Haar kleben gehabt. ✗

… vergessen, beim Rausgehen die Hausschuhe auszuziehen. ◯

… einen Perioden-»Unfall« gehabt. ✗

INSIDER-
INFO

VANESSA: *Ich habe mal bei einer Freundin die Nacht vor
einer Deutschklausur übernachtet (in der zwölften Klasse).
Ich wollte mir aus meiner Schultasche etwas zu trinken
holen und muss irgendwie an meine elektrische Zahnbürste
gekommen sein. Auf jeden Fall vibrierte es richtig laut und alle in
der Klasse haben zu mir geschaut. Als ich zum Beweis die Zahnbürste hochhielt, haben wir alle gemeinsam gelacht.*

UNSERE ERSTEN GEMEINSAMEN SCHRITTE

Die meisten werden bei dem Wort »Coming-out« an eine Person denken, die zum ersten Mal nach außen kommuniziert, dass sie schwul, lesbisch oder bi*sexuell ist. Doch bevor es zu diesem Schritt kommen kann, muss man sich erst einmal selbst über seine homosexuelle Orientierung bewusst werden. Und auch wenn man dann nach außen hin das erste Mal darüber gesprochen hat: Es gibt ja nicht nur »das eine Coming-out« – im Grunde ist es ein lebenslanger Prozess. Man outet sich immer wieder, in verschiedenen Lebenslagen, bei neuen Menschen, an anderen Orten. Aber wenn du gerade vielleicht in derselben Situation bist, können wir dich beruhigen: Je öfter du dich outest, desto entspannter wirst du dabei. Wir sind inzwischen wahnsinnig stolz, wie locker wir damit umgehen können. Klar, und doch gibt es sie, diese unangenehmen Momente, in denen uns jemand nach unserem Freund oder Mann fragt. Aber mit der Zeit haben wir gelernt, damit umzugehen und über dieser Mutmaßung zu stehen. Aber der Weg dahin war lang … und er begann mit unserem Kennenlernen.

INA: Ja, also unser allererstes Treffen. Nachdem wir auf Instagram geschrieben und uns so gut verstanden hatten, wolltest du mich besuchen kommen. Weil ich in der Stadt gewohnt habe und du in einem Dorf, war gleich klar, dass du bei dem ersten Treffen auch bei mir übernachten müsstest. Wie hättest du schließlich nachts nach Hause kommen sollen?

VANESSA: Ich war richtig aufgeregt, weil ich vorher noch nie so wirklich in der Stadt unterwegs gewesen war. Bevor ich mich dann auf den Weg zu dir gemacht habe, hab ich mich so richtig hübsch geschminkt – zwei Stunden hat das gedauert! Ich glaube, ich sah eigentlich aus wie immer, aber ich habe mich dabei so gut gefühlt. Ich hatte, glaube ich, eine dunkelblaue Jeans an.

INA: Nein, eine hellblaue Jeans! Und hellrote Schuhe und ein rotes ziemlich freizügiges Oberteil.

VANESSA: Ja! Ich bin immer bauchfrei rumgelaufen, wie heute. Und ich dachte natürlich, du würdest dich genauso hübsch machen wie ich …

INA: Ich hatte mich auch sehr aufwendig geschminkt. Aber mir war noch viel wichtiger, dass die Wohnung picobello sauber ist – da waren die Klamotten eher egal. So wie heute. Wenn irgendjemand zu Besuch kommt, muss alles sauber sein. An dem Abend hatte ich nicht so viel Zeit. Ich kam von der Arbeit nach Hause, habe mich schnell geschminkt, dann geputzt und bin noch rasch unter die Dusche gehüpft. Ich hätte noch zehn Minuten zum Staubsaugen und Anziehen gebraucht, aber da hast du schon geklingelt. Und dann musste ich dir eben im Bademantel die Tür aufmachen.

VANESSA: *Mir hatte noch niemand im Bademantel die Tür aufge-macht! Wir waren um zehn verabredet und ich bin ein superpünktli-cher Mensch. Ich war schon um Viertel vor da und habe so lange vor deiner Tür gewartet, bis es Punkt zehn war.*

INA: Und ich war mir ganz sicher bzw. hatte gehofft, dass du etwas später kommst, weil du von so weit her kamst. Ich dachte, ich schaffe es noch rechtzeitig.

VANESSA: *Ja, du hattest mir auf WhatsApp geschrieben: »Mach ruhig langsam, ich bin noch nicht fertig.« Dabei stand ich da schon vor deiner Tür und hab dann so lange gewartet, bis es wenigstens zehn war, bevor ich klingelte.*

INA: Ja, und deswegen hab ich dir so aufgemacht und dann noch schnell im Bademantel fertiggesaugt.

VANESSA: *In einem hellblauen Bademantel. Aber Hauptsache, der Lippenstift saß!*

INA: Genau!

DER ERSTE KUSS

VANESSA: *Unseren ersten Kuss hatten wir bei unserem zweiten Treffen, an dem Tag, an dem du deinen Geburtstag gefeiert hast. Nach unserem ersten Treffen hast du mich zum Reinfeiern in deinen zwanzigsten Geburtstag am 2. April eingeladen. Da hast du mir übrigens richtig kurzfristig Bescheid gesagt, ne?*

INA: Ja, erst wollte ich dich gar nicht einladen, weil wir uns ja noch gar nicht so richtig kannten.

VANESSA: *Wir waren dann in einem indischen Restaurant feiern und anschließend mit zwei von deinen anderen Freundinnen tanzen. Und weil ich ja nicht mit Alkohol am Steuer oder nachts allein mit der Bahn zurück in mein Dorf fahren wollte, habe ich dann direkt bei dir übernachtet. Und wir haben zu der Zeit ja leider noch geraucht.*

INA: Ja, wirklich leider. Wir sind beide über Gruppenzwang mit fünfzehn dazu gekommen und dann haben wir gemeinsam mit einundzwanzig aufgehört. Beste Entscheidung! Und wenn wir nicht aufgehört hätten, hätten wir uns nie Charly angeschafft – unseren gemeinsamen Hund. Wir haben für ihn mit einer App das Geld zur Seite gelegt, das wir sonst für Zigaretten ausgegeben hätten und als wir zusammengezogen sind, wurde er dann ein Teil unserer Familie.

VANESSA: *Wir sind dann auf jeden Fall von deiner Geburtstagsfeier zusammen nach Hause gegangen und haben draußen noch eine geraucht. Du hast mich gefragt: »Hast du schon mal eine Frau geküsst?« Und ich meinte dann so: »Ja.« Und dann hast du gesagt: »Ohhh! Interessant.« Und dann hast du mich einfach geküsst und mit mir rumgemacht.*

INA: Klingt nach mir.

VANESSA: *Ja! Haha.*

LANGE NÄCHTE

INA: Seit unserem ersten Treffen haben wir eigentlich jeden Tag geschrieben und es gab kaum einen Tag, an dem wir keinen Kontakt hatten.

VANESSA: *Und alle zwei Wochen haben wir uns getroffen. Hauptsächlich bei dir in der Stadt.*

INA: Ja, ich glaube, bei dir war ich nur zwei- oder dreimal, häufiger nicht. Und öfter als alle zwei Wochen konnten wir uns nicht treffen, weil wir immer beide so lange gearbeitet haben. Und bei unseren Nebenjobs mussten wir ja immer bis spät abends, bis elf oder sogar ein Uhr, arbeiten. Daher konnten wir uns meistens erst nachts treffen.

VANESSA: *Ja, und was will man nachts machen? Zu Hause muss man wegen der Nachbarn leise sein. Also sind wir entweder mit dem Auto durch die Gegend gefahren oder waren in einer Bar feiern und tanzen.*

INA: *Und ich habe all deine Freund*innen kennengelernt. Und alle mochten mich. Du warst ganz schön sauer, dass mich alle mochten – das weiß ich noch!*

VANESSA: *Ja, weil ich dachte, dass du mir meinen Platz bei meinen Freund*innen streitig machen könntest. Ich habe mir meinen Freundeskreis so gut aufgebaut und dann kommst du da einfach rein und alle mögen dich mehr. Das konnte ja schließlich nicht wahr sein! Und weil wir uns wegen unserer Nebenjobs nur abends verabreden konnten, war bei unseren Treffen auch öfter mal Alkohol im Spiel. Und dann kam es auch mal dazu, dass wir uns geküsst haben. Für mich war zu dem*

Zeitpunkt da nichts Großes dabei. Man hat sich getroffen, miteinander gequatscht, ein Glas Wein getrunken, etwas geknutscht und sich nichts weiter dabei gedacht. Wir haben nur ein einziges Mal tagsüber was zusammen gemacht. Da ist es aber nicht zum Küssen gekommen, das war immer nur in diesem abendlichen Rahmen.

INA: Das erste Mal nüchtern geküsst haben wir uns dann am 26. November 2016, als wir endlich zusammengekommen sind. Wir finden es im Nachhinein natürlich selbst nicht cool, dass wir uns bis dahin nur unter Alkoholeinfluss getraut haben, uns zu küssen. Aber wir können es uns verzeihen und haben da heute ein viel gesünderes Verhältnis zu.

VANESSA: *Auf jeden Fall. Ich werde die Nächte aber niemals vergessen, in denen wir zusammen gefeiert und miteinander geknutscht haben. Da war bei mir dann auch mit der Zeit echt dieses Kribbeln im Bauch dabei.*

HEIMLICH FEUER UND FLAMME

VANESSA: *Irgendwann kam der Punkt, an dem ich gemerkt habe, dass ich voll in dich verknallt bin. Ich habe dir das ja erst nicht gesagt und von dir kam auch nichts in diese Richtung. Und ich dachte mir dann so: »Okay, sie will anscheinend nichts von mir – aber dann will ich wenigstens ihre beste Freundin sein.« Und dann habe ich dich gefragt, ob du mit mir eine WG gründen möchtest. Aber du wolltest lieber weiter allein leben.*

INA: Der Gedanke, nicht mehr allein zu wohnen, hat mir am allermeisten Angst gemacht. Ich hatte vorher schon mal in einer WG gewohnt und das lief richtig, richtig beschissen. Deswegen hatte ich für mich beschlossen, dass ich nie wieder in einer WG wohnen würde. In meinen eigenen vier Wänden war ich sehr zufrieden und stolz und deswegen wollte ich erst nicht mit dir zusammenziehen. Zum Glück hat sich das ja geändert – auch wenn ich manchmal immer noch nicht mit deiner Unordnung klarkomme.

VANESSA: *Aber du hast mir auch immer so viel Hoffnung gemacht. Irgendwann beim Feiern meintest du (wohl betrunken) mal zu mir: »Weißt du was? Eigentlich wären wir voll das schöne Pärchen!« Das habe ich sogar in mein Tagebuch geschrieben:*

VANESSA / 27. JUNI 2016
Ina meinte, wir wären so ein tolles Paar. Ich vermisse sie so und könnte echt weinen. Ich will das Gefühl loswerden. Ohne wäre echt alles viel einfacher. Warum kann ich nicht einfach nur mit ihr befreundet sein wollen?

INA: Das weiß ich noch, das hab ich öfter mal gesagt. Ich denke, dass mein Unterbewusstsein vielleicht schon wusste oder sich gewünscht hat, dass da mehr passiert. Ich glaube, ich dachte irgendwie auch, dass ich keine Chance bei dir hätte. Weil ich mir sicher war, dass du irgendwas anderes suchst. Ich hätte überhaupt nicht gedacht, dass ich in dein »Beuteschema« passe. Und vor allem war mir ja nicht mal bewusst, dass ich verknallt war.

VANESSA: *Aber wieso warst du dir denn so sicher, dass du nicht in mein »Beuteschema« passt?*

INA: Weil du so gut aussahst. Und so cool warst.

VANESSA: *Ehrlich?*

INA: Ja. Ich fand mich zwar selbst auch gut, aber auf einer Skala von eins bis zehn hab ich mich als eine Drei und dich als eine Zehn eingestuft. Weißt du, was ich meine? Du wirktest irgendwie eine Nummer zu groß für mich …

VANESSA: *Aber Bubu, das stimmt doch so gar nicht …*

INA: Du warst für mich einfach irgendwie unerreichbar. Sicher auch deshalb hatte ich Angst, mir meine Gefühle für dich einzugestehen. Und so habe ich geglaubt, dass es nichts werden kann mit uns. Es war ein riesiges Durcheinander in meinem Kopf und Herz. Und ich hatte eine ebenso riesige Angst vor Ablehnung, auch gesellschaftlich. Das hat mich einfach blockiert.

VANESSA: *Mir ging es ganz genauso! Weil du ja auch noch über Jungs gesprochen hast und irgendwie immer dicht gemacht hast, wenn es in die Tiefe ging.*

INA: Dann ging es uns ja ähnlich, nur jeweils auf einer anderen Ebene. Wir waren beide so beeindruckt voneinander und fanden uns beide so unheimlich toll, dass wir das Gefühl hatten, dass die andere unerreichbar wäre. Dabei wollten wir nichts anderes als einander.

INA: Ich kann mich gar nicht mehr so genau daran erinnern, wie es dann ernster zwischen uns wurde. Ich weiß nur, dass wir uns über irgendwas, keine Ahnung mehr, was, gestritten hatten und danach zwei Wochen lang nicht mehr miteinander geschrieben haben.

VANESSA: *Du warst sehr eifersüchtig, weil ich im September viel mit einer anderen Freundin gemacht hatte und wir beide lange Zeit nicht geschrieben hatten.*

INA: Ja, stimmt, da war ich stinksauer.

VANESSA: *Weil du eifersüchtig warst! Das muss dir ja gar nicht unangenehm sein.*

INA: Ein paar Tage nach dem Streit saß ich in der Uni und wusste genau: Jetzt muss ich mich bei dir entschuldigen. Ich hatte eine gute Freundin an der Uni, der ich von unserem Streit erzählt hatte und die mich bestärkte, auf dich zuzugehen. Ich hab dich dann unter einem Bild bei Instagram markiert und was Nettes dazu geschrieben. Dir direkt schreiben wollte ich irgendwie auch nicht. Ich war richtig stur. Und dann habe ich mich gefragt, warum du nicht darauf reagierst.

VANESSA: *Ja, weil du mich nicht richtig markiert hast! Ich habe das erst eine Woche später gesehen.*

INA: Ich war halt nicht so instagramaffin! Und dazu kam noch, dass du 13.000 Instagram-Follower*innen hattest und ich nur so dreißig. Davor hatte ich schon Respekt.

VANESSA: *Ja, aber das ist doch voll egal!*

INA: Für mich hat das einen Unterschied gemacht, das war für mich so eine krasse Zahl. Ich dachte mir: »Boah, ich habe ja eine richtige Influencerin kennengelernt, die ist so beliebt und bekannt. Da muss ich es ja gar nicht erst versuchen.«
Und dann irgendwann, ich weiß nicht mehr genau, hatten wir so einen vertrauten Moment, da habe ich dir gesagt, dass ich dich liebe.

VANESSA: *Nein, Schatz, das vertauschst du gerade. Zuerst hast du mir ganz oft bei WhatsApp geschrieben, dass ich dir fehle. Und dass das voll das komische Gefühl für dich ist. Und dass du nicht weißt, warum du mir das schreibst. Und du wolltest halt immer, dass ich bei dir bin. Das weiß ich noch. Und dann waren wir an dem Abend vom 26. November mal wieder feiern, haben getanzt und sind dann nach Hause gegangen. Dort hast du mich geküsst. Ich habe dich daraufhin gefragt: »Warum küsst du mich denn so anders?«*

INA: Ah, ja ja, stimmt! Jetzt weiß ich es wieder.

VANESSA: *Du hast als Antwort mich wiederum gefragt: »Hä, was meinst du denn?« Ich erklärte dann, dass der Kuss voll mit Gefühl war, so ganz anders als vorher. Und irgendwie ist dann rausgekommen, dass du auch Gefühle für mich hast. Und dann meinte ich so: »Ich habe auch Gefühle für dich.« Dann haben wir uns das erste Mal nüchtern geküsst und sind eingeschlafen. Ganz normal. So war es.*

INA: *Schöön! Ja, so war es!*

VANESSA: *Die drei Worte »Ich liebe dich« hast du erst ein paar Tage später gesagt. Da hast du irgendwann gefragt: »Ja, was ist das denn jetzt eigentlich mit uns? Sind wir zusammen?« Und dann meinte ich so: »Ja, ich denke schon.« Und so war es dann auch.*

INA: Boah, und so ein großer, ängstlicher Teil in mir wollte gar nicht und hat gehofft, dass du Nein sagst. Ich bin ja jemand, der vor Problemen und Ängsten eher die Augen verschließt. Als wir dann endlich zusammenkamen, war mir gar nicht richtig klar, was das tatsächlich bedeutete und welche Konsequenzen das für mich haben würde. Also, dass ich nicht heterosexuell bin und ich meine Gefühle zu dir irgendwann auch meinem Umfeld mitteilen muss. Stattdessen waren wir über ein Jahr lang heimlich zusammen.

DAS INNERE COMING-OUT

INA: Ich bin am Anfang überhaupt nicht mit mir zurechtgekommen. Mein inneres genauso wie mein äußeres Coming-out waren ein langer Prozess. Zu Beginn unserer Beziehung fragte mich mal eine Freundin, wie es denn so in meinem Leben aussähe, so mit Job und Männergeschichten. Ich weiß wirklich nicht, warum, aber ich habe dann gesagt, dass ich einen Mann kennengelernt hätte. Und meinte eigentlich dich. Und alles, was ich ihr dann über diesen fiktiven Mann erzählte, bezog sich auf dich. Wenn wir zum Beispiel im Kino gewesen waren, sagte ich dieser Freundin gegenüber, ich wäre mit diesem Mann dort gewesen. Das heißt, ich habe die Wahrheit immer geheim gehalten. Auch vor meiner anderen Freundin. Es fällt mir nicht so leicht, darüber zu sprechen. Das war einfach nicht so cool von mir!

VANESSA: *Ich habe die Wahrheit meinem Umfeld gegenüber zwar nicht verdreht, aber dafür die Beziehung völlig verschwiegen – auch nicht die feine englische Art.*

INA: Es war leider so, dass es mir auch zu diesem Zeitpunkt einfach noch falsch erschien, in das gleiche Geschlecht verliebt zu sein. Ich hatte doch schon ewig gebraucht, um es überhaupt selbst zu verstehen – und dann sollte ich es auch noch meinem gesamten Umfeld erklären? Wovor genau ich so viel Angst hatte, kann ich gar nicht wirklich sagen. Ich glaube, es hatte was mit dem gesellschaftlichen Druck zu tun, damit, bestimmten Erwartungen entsprechen zu wollen. Und ein Teil dieser Erwartungen war eben auch, dass zu einer Frau ein Mann gehörte. Ich kannte es nicht anders, mit diesem Bild bin ich groß geworden.
Ich glaube, für dich war dieser innere Prozess gar nicht so schlimm, oder? Ich glaube, dass eher ich diejenige war, die Außenstehenden nichts sagen wollte. Ich war immer diejenige, die das so ein bisschen zurückhielt.

VANESSA: *Also, ich habe auf jeden Fall auch ein Jahr gebraucht. Aber einfach für mich selbst. Ich habe sogar vor dem Spiegel geübt, wie ich mich oute und das meiner Familie erzähle. Und dann habe ich es einfach gemacht. Ich habe für mich beschlossen, dass ich so nicht mehr leben und es erzählen wollte. Du warst aber noch nicht so weit, ich musste dich ja leider ziemlich drängen, damit du es endlich erzählst. Ich meinte zu dir: »Ina, ich komme nicht mehr mit zu deiner Familie, wenn du es ihnen nicht sagst. Ich will da nicht mehr nur als eine Freundin zu Besuch sein und sie auf diese Weise anlügen.«*

INA: Ja, so war das. Aber da muss ich hinzufügen, dass ich mit meinem Gefühl ja leider gar nicht so unrecht hatte, denn mein Coming-out wurde von Teilen meiner Familie erst mal, sagen wir, etwas holprig aufgenommen.

VANESSA: *Ich hätte mir gewünscht, dass wir und unser Umfeld einfach von Anfang an, so seit wir vierzehn waren, gewusst hätten, dass wir Frauen lieben, sodass sich unsere Eltern dann total gefreut hätten, wenn wir endlich mit unserer tollen Freundin nach Hause kommen.*

INA: Ja, ich wünschte mir auch, ich hätte es früher gewusst und akzeptiert. Für mich war diese »heimliche« Zeit mit dir wunderschön, aber auch der absolute Horror. Ich habe mich gefragt: »Werde ich es ihnen sagen? Wenn ja, wann? Was passiert, wenn ich es ihnen sage?« Es ist sogar heute noch manchmal schwer, darüber auf Familienfeiern zu sprechen. Ich glaube, das liegt an den Startproblemen nach meinem Coming-out, die meine Befürchtungen so bestätigt hatten. Meine Familie findet es schon irgendwie in Ordnung, dass ich lesbisch bin – aber mehr eben auch nicht.

VANESSA: *Wir haben uns ja schon oft gestritten deswegen. Wenn wir zusammen auf deinen Familienfeiern waren, kam zum Beispiel oft die Frage, wer ich bin. Und dann hast du mich als deine beste Freundin vorgestellt. Das fand ich verletzend, auch wenn ich weiß, dass du das nicht böse gemeint hast.*

INA: Genau, es hatte nichts mit dir zu tun, sondern mit mir. Weil wohl diese Angst vor der Ablehnung einfach so tief saß. Anders kann ich mir das auch nicht erklären.

MUT IST NICHT, KEINE ANGST ZU HABEN, SONDERN DIE EIGENE ANGST ZU ÜBERWINDEN.

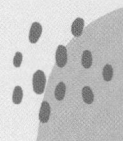

JETZT MAL KLARTEXT:

COMING-OUT

Coming out of the closet – »Aus dem Schrank kommen« heißt
die Redewendung wortwörtlich aus dem Englischen übersetzt.
Es geht darum, sich nicht mehr verstecken zu müssen und ganz
offen zu der eigenen sexuellen Orientierung bzw. geschlechtlichen Identität zu stehen. Bevor man sich den Liebsten öffnet,
findet meistens ein inneres Coming-out statt, bei dem man sich
der eigenen Gefühle bewusst wird.

DER UNTERSCHIED ZWISCHEN COMING-OUT UND OUTING

Auch wenn beide Wörter oft gleich verwendet werden, gibt es doch
einen wichtigen Unterschied: Ein Coming-out geschieht immer
freiwillig. Du entscheidest, wann und wem du von deiner sexuellen
Orientierung oder Geschlechtsidentität erzählen möchtest.
Ein Outing dagegen findet meistens ohne deine Zustimmung statt.
Dann verrät jemand anderes (mit Absicht oder aus Versehen) deine
sexuelle Orientierung oder deine Geschlechtsidentität.
Du solltest es auf jeden Fall vermeiden, eine Person zu outen, die
das nicht möchte. Das innere Coming-out kann ein langer Prozess
sein und jede*r sollte das Recht haben, selbst zu entscheiden,
wann, vor wem und ob sie*er sich outen möchte.

IST EIN COMING-OUT NOTWENDIG?

Ob du dich outen möchtest oder nicht ist eine sehr persönliche Entscheidung. Für manche Menschen ist ein Coming-out sehr wichtig und für andere ist die eigene sexuelle Orientierung oder Geschlechtsidentität so selbstverständlich, dass sie diese nicht weiter thematisieren. Schließlich outen sich andere Menschen auch nicht als »heterosexuell«.

Wie sinnvoll ein Coming-out ist, hängt auch damit zusammen, wie gut deine Freund*innen und Familienmitglieder informiert sind. Du sollst dich in deiner Haut wohlfühlen und da kann ein offenes Gespräch helfen, eventuelle Vorurteile zu entkräften. Da Sexualität in unseren Familien kaum thematisiert wurde, haben wir uns für ein Coming-out entschieden – allerdings nicht, weil wir mussten, sondern, weil wir wollten.

IN EINER STUDIE MIT 5000 JUGENDLICHEN GAB JEDE*R ZWEITE AN, DASS SIE*ER HÖCHSTENS VIERZEHN JAHRE ALT WAR, ALS KLAR WURDE, DASS DIE GEFÜHLE ZU DER EIGENEN SEXUELLEN IDENTITÄT UND ORIENTIERUNG NICHT DEN ALLGEGENWÄRTIGEN ERWARTUNGEN ENTSPRECHEN. EIN VIERTEL ALLER BEFRAGTEN SAGTE, DASS SIE DEN ZEITPUNKT IHRES BEWUSSTWERDENS GAR NICHT SO GENAU BENENNEN KÖNNEN.

WIE SIEHST DU DAS?

VORURTEIL	SIEH'S MAL SO ...
Schwule und Lesben sind krank und es ist unnatürlich.	In der Tierwelt findet man circa 1500 Arten, bei denen gleichgeschlechtliche Pärchen vorkommen. Dinge wie Smartphones, Kleidung oder Social Media sind auch »unnatürlich«. Und: Mediziner*innen lagen jahrzehntelang falsch – 1994 wurde Homosexualität von der »Internationalen Liste für Krankheiten« gestrichen.
Homosexualität ist eine Sünde.	Religiöse Texte sind teilweise mehrere tausend Jahre alt. Deswegen sind Fehler bei der Übersetzung oder Interpretation vorprogrammiert – vor allem, wenn man die Texte wortwörtlich nimmt. Außerdem ändern sich die Zeiten und wir wissen heute, dass Homosexualität auch bei anderen Lebewesen vorkommt.
Alle Lesben tragen eine Kurzhaarfrisur.	Diesen Punkt würden wir gern mit einem Augenzwinkern kurzhalten: Werft mal einen Blick auf unsere Bilder ... 😊

VORURTEIL	SIEH'S MAL SO ...
Es ist nur eine Phase, man muss nur die*den Richtige*n finden.	Wissenschaftler*innen sind sich einig, dass sich die sexuelle Ausrichtung schon sehr frühzeitig festlegt und man darauf keinen Einfluss hat. Es kann natürlich auch passieren, dass man die geoutete Sexualität doch nicht mehr fühlt, weil sie sich verändert hat. Auch das ist normal. Ein Coming-out sollte immer ernst genommen werden.
Anders zu sein, ist einfach nur ein Trend.	Homosexualität gab es schon immer! Man sieht LGBT*-Inhalte in den letzten Jahren glücklicherweise immer mehr in den Medien und immer mehr Menschen trauen sich, öffentlich darüber zu sprechen und sich zu outen.
Einer von beiden muss doch zu Hause »die Hosen anhaben«!	Die meisten von uns wachsen mit der Überzeugung auf, dass es in einer Beziehung eine weibliche und eine männliche Rolle geben muss. Doch auch in heterosexuellen Beziehungen ist dieses Klischee schon lange überholt. Am Ende kann doch jedes Pärchen für sich entscheiden, wie die Aufgaben im Haushalt oder Alltag aufgeteilt werden sollen – unabhängig vom Geschlecht.

DEINE HAPPY-LISTE

Schreibe hier alles auf, was dich glücklich macht!
Ein bestimmter Song, hemmungsloses Tanzen, ein
besonderes Buch, dein Haustier oder ein ganz bestimmter Mensch. Wenn du mal traurig bist, komm hierauf
zurück. Erinnere dich mit deiner Happy-Liste an das,
was du tun könntest, damit es dir etwas besser geht.

Jackl

Dolly

Mia

Family

KUMMERKASTEN

Schreibe dir hier alles von der Seele, was dich bedrückt. Du kannst hier auch Aufgaben reinschreiben, die noch erledigt werden sollten und die dich vielleicht überfordern. Wenn die Dinge erst mal aus deinem Kopf sind, wirst du dich etwas leichter fühlen. Und dann suchst du dir eine wichtige Aufgabe aus, die du jetzt in die Hand nehmen kannst, und machst dann Schritt für Schritt weiter. Du schaffst das, wir glauben an dich!

....

....

....

....

....

....

....

UNSER COMING-OUT IN DER FAMILIE

Puuh, wo fange ich an? – Es gibt natürlich keine offiziell festgelegte Reihenfolge, in der man sich seiner Familie gegenüber outet, und auch keine Hilfestellung, wie man das dann am besten anstellt. Ich habe da einfach auf mein Bauchgefühl vertraut und es zuerst meinem Papa, dann meiner Schwester und zuletzt meiner Mama gesagt.

Ich kann nicht genau sagen, wieso es so war, aber am schwersten fiel mir mein Coming-out bei meinem Papa – deswegen wollte ich bei ihm anfangen. Ich dachte, wenn ich den für mich schwersten Part hinter mich bringe, würde es beim Rest der Familie leichter werden.
Mein Papa und ich schrieben uns am 9. Mai 2018 – da war ich einundzwanzig – bei WhatsApp. Ich hatte nämlich vor, Ende Mai zu ihm nach Mallorca zu fliegen und wollte ihn schon mal »vorwarnen«:

VANESSA Reden wir im Mai mal alleine?

PAPA Was gibt's?

Alles schwierig zu erklären. Lieber persönlich

Nur ungefähr, worum es geht

Zukunft und so

Deine oder meine? Meinste beruflich?

Ja, beides

Dann gab es wieder ein langes Hin und Her, da ich mich natürlich nicht traute, mit der Sprache herauszurücken. Das kann so unglaublich schwierig sein. Ich habe die ganze Zeit um den heißen Brei geredet und wusste nicht genau, wie ich es verpacken sollte.

Habe halt Angst, es dir zu erzählen und deshalb schiebe ich es immer vor mir her

Raus mit der Sprache! Sonst kann ich nicht schlafen ...
Angst brauchst du nicht zu haben – du kennst mich doch.

Und was ist, wenn du mich danach
nicht mehr so lieb hast?

Quatsch! Ich habe gesagt, ich stehe
immer zu dir – egal was ist!

Hmmm ...

??

Papa, denk nach, du weißt es eigentlich schon, beziehungsweise hast du mich das schon mal gefragt.

Wegen Ina?

War ja eh klar. Was sagt Mama?

Das weiß noch keiner. Also keiner in der Familie. Weil
ich keinen Stress möchte und große Angst habe.

Wovor denn?

Einfach so, das ist jetzt nichts Leichtes. Puuh, mir ist jetzt echt schlecht, ich wollte es dir eigentlich gar nicht bei WhatsApp erzählen, sondern persönlich. Ich habe einfach Angst, dass du mich anders siehst als vorher, mich nicht mehr lieb hast oder sowas. Bitte behalte es für dich, versprochen?

Alles gut, hatte es eh vermutet.
Dachte, es wäre etwas Schlimmes.

Als er schrieb, dass das nichts Schlimmes sei, fiel mir echt ein Stein vom Herzen. Und bei meiner Schwester Laura war es dann supereinfach. Sie hatte mich im Sommer 2018 einfach über WhatsApp gefragt, warum ich auf einem CSD gewesen war und dann auch, ob ich mit Ina zusammen sei. Daraufhin habe ich ihr alles erzählt und sie hat wirklich mit am besten reagiert. Sie hat sich einfach so für uns gefreut. Und du musst dir vorstellen: Laura war zu diesem Zeitpunkt erst fünfzehn! Und dass sie das so entspannt aufgenommen und so souverän reagiert hat, hat mich echt gefreut.

INA Wirklich ein so großes Dankeschön an Lauri auch von mir. Sie ist einer der warmherzigsten Menschen, die ich kenne. Sie hat sich immer für uns gefreut, obwohl sie damals noch so eine kleine Maus war.

Am 16. August 2018, also ungefähr drei Monate nach meinem Papa, erzählte ich es schließlich meiner Mama – ebenfalls über WhatsApp. Ich hatte vorher lange überlegt, wie ich es ihr persönlich sagen könn-

te, habe es mehrmals vor dem Spiegel geübt, aber musste danach meistens weinen.

Es war eigentlich so einfach und doch so schwer, die richtigen Worte zu finden. Ich

Nessi hat mir erst so viel später erzählt, dass sie geübt hat. Wir hätten das doch zusammen machen können!

wusste nicht genau, wie ich das Gespräch anfangen sollte. Ich hätte lieber den Mut gehabt, es ihr Face-to-Face zu sagen, aber ich habe mich einfach nicht getraut. Ich bin schon immer ein Mensch gewesen, der seine Gefühle lieber aufschreibt, als sie auszusprechen, weil ich dann mehrmals drüberlesen kann und mein Gegenüber auch mehr Zeit hat, sich alles in Ruhe durchzulesen und darauf zu antworten. Ich wollte auch einfach nicht direkt ihren Blick sehen. Stell dir mal vor, sie hätte negativ geschaut – dieser Blick wäre mir dann immer in Erinnerung geblieben und das wollte ich nicht. Also habe ich am besagten Tag im August meinen ganzen Mut zusammengenommen und es meiner Mutter geschrieben:

> **VANESSA** Also, jaaa, ich muss dir noch was erzählen …

> **MAMA** Was denn? Du machst es immer so spannend!

> Erinnere mich irgendwann mal dran.

> Wie? Sag jetzt!

Das hatte ich mir anders vorgestellt. Ich dachte, ich könnte das Thema langsam beginnen, indem ich ihr schrieb, dass ich ihr demnächst

etwas sagen muss. Aber eigentlich war ja klar, dass sie es dann direkt würde wissen wollen (ginge mir an ihrer Stelle ja auch so):

Nee, wenn wir uns irgendwann mal sehen

Soll ich dich anrufen? Bin jetzt neugierig.

Das war die schlimmste Idee für mich – ich wollte nicht telefonieren, nicht mit ihr spre-chen. Ich hatte eine solche Angst in diesem Moment, dass ich am liebsten mein Handy in die Ecke geworfen und nie wieder draufgeschaut hätte.

Ich kann mich noch so gut daran erinnern ... Ich saß ja damals direkt neben Nessi und habe mitgefiebert.

So wichtig ist das jetzt nicht

Ich glaube, ich wollte in diesem Moment viel-leicht einen Rückzieher machen und offen-lassen, ob ich es jetzt wirklich erzählen wür-de. Aber da kennst du meine Mama nicht – wenn sie neugierig ist, will sie es sofort wissen und bekommt alles heraus.

Aber Nessi hat sich dann doch getraut. 😊

Du bist gemein.

Danach schickte sie mir eine Sprachnachricht: »Du bist voll fies – muss ich mal so sagen, ja. Erst willst du mir irgendwas erzählen, dann ist man total neugierig – man ist ja immer neugierig automa-

tisch. Und dann sagst du nur: ›Ach, ist nicht wichtig.‹ Damit kann ich
überhaupt nicht umgehen. Also, sag jetzt!«
Siehst du? Ich habe doch gesagt, dass sie hartnäckig ist. Als Antwort
auf ihre Sprachnachricht schrieb ich:

Ich muss lachen

Toll, jetzt lachst du mich aus.

Also, eventuell wollte ich dir schon lange etwas erzählen, habe mich aber nicht getraut, also hab ich es erst Laura erzählt, und sie drängt mich, es dir zu erzählen.

Ruf mich jetzt an! Sofort!

Nach längerem Hin und Her kam sie selbst auf die Idee:

Ok, ich weiß es. Du und Ina, ihr seid ein Paar, oder?

Also möglicherweise ist das unter bestimmten Umständen so.

Willst du mich jetzt anrufen? Ich werde dir schon nicht den Kopf abreißen.

Dann haben wir doch telefoniert und alles war wie immer. Sie fragte mich zwei, drei Sachen zu uns und ich war superglücklich, dass ich keine Geheimnisse mehr vor ihr haben musste. Meine Mama war übrigens nur ein kleines bisschen sauer, dass sie die Letzte war, die es erfahren hat.

Das war also mein Coming-out in meiner Familie, denn meine Eltern haben zum Glück gleich angeboten, es meinen Großeltern zu sagen, sodass ich das Ganze nicht noch mal durch-machen musste.

> Da hat sie aber Glück gehabt! 😁

Klar, mit jedem Mal fiel mir das Gespräch leichter, aber trotzdem war ich froh, dass meine Eltern das dann für mich gemacht haben. Rück-blickend kann ich sagen, dass ich sehr glücklich und zufrieden bin mit ihren Reaktionen. Der Weg über WhatsApp war für mich einfach der beste und leichteste. Wahrscheinlich wäre ich bei einem persönlichen Gespräch einfach in Tränen ausgebrochen und hätte es gar nicht geschafft, alles zu erzählen.

> Doch, das hättest du auch gepackt. Bin stolz auf dich, mein Hase. Du hast es wirklich toll hinbekommen. Danke!

• • • • 💚 • • • •

Ina

Wenn im Inneren alles abgeschlossen ist und du weißt: »Hey, ich ste-he auf mein eigenes Geschlecht«, dann war es das leider noch lange nicht. Du bist zwar mit dir im Reinen und hast diese neue Erkennt-nis verarbeitet, aber das ist noch nicht alles, denn daran anschließend musst du es deinem Umfeld sagen. Im besten Fall reagieren alle super und freuen sich einfach für dich. Es wäre schön, wenn das der Normalfall wäre, allerdings sind wir keine Charaktere in einem romantischen Film, in dem alles rosig läuft.

Aber lass mich mal ganz von vorne beginnen … Zuerst einmal musst du dir über eins klar werden: Wem muss ich es eigentlich sagen? Muss ich es überhaupt jemandem sagen oder reicht es aus, wenn ich es für mich weiß? Ja, solche Gedanken haben auch mich viel beschäftigt, ich habe mich gefragt, ob ich mich denn überhaupt outen muss oder ob es nicht einfach selbstverständlich wäre. Dann habe ich sogar kurz mit dem Gedanken gespielt, es einfach niemandem zu sagen, sodass es irgendwann von selbst rauskommen würde. Aber von diesem Gedanken habe ich mich zu sehr eingeschränkt gefühlt, weil ich so auch weiterhin alles hätte verheimlichen müssen. Und Nessi wäre auf Feiern dann nur »eine Freundin« und eben nicht »*die* Freundin« gewesen. Also war klar, dass ich es ansprechen würde. Aber wo sollte ich am besten anfangen? Oder besser gesagt: Wem sollte ich zuerst sagen, dass ich homosexuell bin? Und wie sollte ich im gleichen Atemzug dann auch noch meine feste Freundin vorstellen? Denn es ging ja nicht »nur« um das Coming-out, sondern auch darum, dass ich meine erste (und hoffentlich auch letzte, hihi) feste Freundin hatte.

> **VANESSA** *Natürlich, Bubu, wir bleiben für immer zusammen!*

Meine Liste derer, die es auf jeden Fall erfahren sollten, bestand also aus meiner Mama, meinem Papa, meiner Oma, meiner Schwester, meiner Cousine sowie meiner besten Freundin. Aber eigentlich sollten es auch alle anderen Leute erfahren, denen ich so begegne im Laufe meines Lebens. Ich wollte mich einfach nicht immer verstecken und flunkern, wenn ich zum Beispiel dem Nachbarn erzählte, dass Nessi

und ich bloß WG-Mitbewohnerinnen wären … Aber wie genau sollte ich es anstellen? Welcher Weg wäre der beste? Wem sollte ich es zuerst sagen? Wie könnte ich es am besten sagen? Am Telefon? Persönlich? Per E-Mail? Irgendwie wirkten alle Wege unmöglich für mich. Nessi ging mit der Situation wirklich viel besser um als ich.

Vielleicht sah das so aus. Aber ich hatte ja auch große Angst und wusste anfangs nicht, wie wir das alles machen sollten. Aber ich finde, dass wir das sehr gut gemeistert haben!

Ich hatte große Sorge, jemanden zu »enttäuschen«, weswegen ich das Ganze immer weiter vor mir herschob. In der Öffentlichkeit wollte ich niemals Händchenhalten und auch sonst ging ich allem Neuen aus dem Weg. Aber mit der Zeit wurden es immer mehr Fragen und der innere Druck stieg weiter an. Ich wollte es endlich sagen, es leben, glücklich mit der Entscheidung und uns sein, und vor allem wollte ich endlich zeigen, wie stolz ich auf meine wunderbare Freundin war.

Eines Nachmittags führte ich also das erste dieser Gespräche – mit meiner Mama. So hatte ich es mit Nessi beschlossen und wir wählten auch den Weg via WhatsApp – vielleicht nicht der mutigste, aber ich sah die Vorteile da wie Nessi. An diesem Nachmittag saßen wir beide in einem Café, tranken einen großen Cappuccino und ich aß einen Keks (die mit den Smarties sind echt die besten). Wir waren in so einer Deep-Talk-Mood und irgendwann war klar: Ich würde mit meinen zweiundzwanzig heute, am 16. August 2018, endlich mein erstes Comingout durchlaufen. Also verfasste ich eine Nachricht … Ich wollte langsam vorfühlen und chattete ein wenig mit meiner Mama. Zum Glück ließ sich Mama auf dieses Hin und Her per WhatsApp ein, obwohl sie erst gewollt hatte, dass ich sie anrufe, weil sie nicht so der Typ für den Austausch per Nachricht ist:

INA Ich muss dir übrigens noch etwas erzählen.

Mit Nessi

MAMA Ok

Rufe an.

Rufst du an?

Ich warte!

Anrufen ist gerade doof

Ok. Schreibe. Oder?

Ich habe mich nicht getraut, es dir zu sagen

Was denn?!

Vielleicht hast du das schon von Tata gehört

Neee, nicht schriftlich

Vielleicht enttäuscht dich das auch

Neeeee

Ich weiß nicht, wie du reagierst

• • • • • •

Danke Mama!!

Wofür denn?!?! Alles ist toll, wenn der Mensch glücklich ist! Jeder sollte sein Glück finden! Wenn du es mit Vanessi gefunden hast, ist es schön. Ich habe z. B. kein Glück in einer Partnerschaft gefunden. Deshalb freue ich mich, dass du Glück gefunden hast! Hoffe sehr, für lange Zeit, Liebes! Hoffe und wünsche dir das von Herzen!!! Mumsa liebt dich sehr!

Danke Mama! Wirklich!! Mache Bibel fertig und haue mich hin. Freue mich sehr auf Sonntag

Sie hatte es schon geahnt … und es war absolut kein Problem für sie. Sie war einfach happy, wenn ich es auch war! Mir fiel ein riesiger Stein vom Herzen und ich musste sogar ein wenig weinen. Der Druck fiel endlich ab und ich kann mit Bestimmtheit sagen, dass dies einer der besten Tage meines Lebens war. Ich weiß nicht, ob du dir nur annähernd vorstellen kannst, wie befreiend dieses Gefühl war – es ist superanstrengend, ein Geheimnis zu haben und sich deswegen immer wieder schlecht zu fühlen. Besonders tat es weh, niemandem von all den schönen Sachen, die es in unserer Beziehung gab, berichten zu können. Dabei will man doch erzählen, welche schöne Überraschung man von der eigenen Freundin bekommen hatte, welch ein leckeres Essen sie gezaubert hatte und und und …

Es gab aber noch einen anderen Grund, warum ich es so dringend meiner Mama erzählen musste: Meine Schwester wusste es schon – allerdings nicht von mir. Nessi und ich hatten zu dieser Zeit einen Bekannten, der sich Hals über Kopf in Nessi verschossen hatte und unbedingt ihr Herz erobern wollte. Er hat immer weiter auf seine Chance gehofft, was wiederum unsere Beziehung ziemlich belastete. Deshalb beschlossen wir, dass er als Erster von unserer Beziehung erfahren musste. Allerdings ging er danach tatsächlich direkt zu meiner Schwester, um ihr diese Information weiterzugeben. Und nahm mir damit die Möglichkeit, es ihr selbst zu sagen. Ich hätte gerne noch ein wenig damit gewartet, weil ich mich einfach noch nicht bereit dazu fühlte. Wir hatten gehofft, dass er verstehen würde, wieso Nessi

Der Typ hatte sich eigentlich zu meinem besten Freund entwickelt und ich fand das so verletzend, dass er das mit Ina und mir einfach nicht akzeptiert hat. Scheinbar war er so verletzt, weil ich mit einer Frau zusammen war und er nichts daran ändern konnte. Das rechtfertigt trotzdem nicht, dass er uns einfach damit bestraft hat, es Inas Schwester zu erzählen. Auf der anderen Seite war Ina immer froh, wenn sie bei ihrem Coming-out einen kleinen Schubs bzw. Unterstützung bekommen hat. Ich habe zum Beispiel mit ihr zusammen die Texte an ihren Papa und kein Interesse an ihm hatte und nie haben würde. Aber das hat ihn womöglich eher sauer gemacht oder so enttäuscht, dass er es meiner Schwester sagte.

Natürlich könnte man jetzt denken: »Ist doch super, dann hast du es hinter dir.« Aber so war es leider nicht, denn nun hatten wir ein Vertrauensproblem, weil es meine Schwester nicht so toll fand, solche intimen und vertraulichen Informationen von einer außenstehenden Person zu erfahren. Und sie hat

ihre Mama geschrieben. Aber in diesen Fällen hat Ina um meine Hilfe gebeten – ganz im Gegensatz zu dem Jungen, der sie vor ihrer Schwester einfach geoutet hat ... Ich wollte sie nämlich nicht zu einem Coming-out drängen. Obwohl jeder Tag, den ich bei ihrer Familie als beste Freundin verbrachte, sich für mich anfühlte, als würde ich mich verstecken. Besonders, da meine Familie es zu diesem Zeitpunkt ja schon wusste. Das war kein schönes Gefühl.

mich wirklich spüren lassen, wie enttäuscht sie von mir war – dass ich es zwar einem nicht sehr engen Bekannten erzählt hatte, ihr, meiner eigenen Schwester, aber nicht. Ich kann das voll nachempfinden und ich fühlte mich durch die ganze Sache mies und schuldig. Sie ist schließlich meine Schwester, die ich echt lieb habe – eine meiner engsten Vertrauten – und dann konnte ich nicht mit der Sprache rausrücken? Tja ... Mir war trotzdem ein Stein vom Herzen gefallen – es war raus, das Geheimnis war gelüftet. Wir hatten uns ausgesprochen, sie wusste es nun endlich, was sollte also noch passieren? Aber in den folgenden Tagen und Wochen sprach meine Schwester das Thema kein einziges Mal an oder stellte mir Fragen dazu. Stattdessen tat sie so, als hätte sie diese Information nie bekommen. Wenn wir zum Beispiel zu dritt in der Stadt unterwegs waren, sagte sie manchmal Sätze wie: »Wenn ihr beide mal einen Freund habt ...«. Aber ich hatte immer noch nicht den Mumm, es erneut anzusprechen. Ich verstand die Welt einfach nicht mehr. Es war doch raus! Also was war los?

Das führte bei mir dazu, dass ich emotional in ein tiefes Loch fiel und von der Situation total überfordert war. Im Nachhinein weiß ich, dass dies auch für meine Schwester galt – für sie war der Gedanke, dass ich mit einer Frau zusammen war, einfach zu neu. Und da wir nicht miteinander redeten und alles aus der Welt schafften, verschlechterte sich unser Verhältnis immer weiter, bis wir im August 2018 dann gar keinen Kontakt mehr hatten und sie mich sogar auf diversen Plattformen blockierte. Der Kontakt war tot. Der Kontakt zu meiner Schwester, die ich so lieb habe. Und das nur, weil ich lesbisch bin? Das Gefühl, dass es damit zu tun hatte, ging nicht weg. Ich wusste nicht wohin mit meinen Emotionen und mit meiner Trauer darüber, meine Schwester verloren zu haben. Die Wunde war groß und der Schmerz saß wirklich tief.

Ina ist wirklich in ein tiefes Loch gefallen. Sie hat sehr, sehr oft geweint und war sehr verletzt. Sie wusste eben auch einfach nicht, was sie machen sollte. Ich muss gestehen, dass ich in dem Moment auch sauer auf ihre Schwester war. Ich mag sie total gerne, weil sie charakterlich ein wirklich toller Mensch ist, aber damals konnte ich nicht verstehen, wieso sie dem Mädchen, das ich so liebe, so weh tun konnte. Damit konnte ich überhaupt nicht umgehen.

Einige Zeit verging. Nessi und ich nutzten nun Social Media nicht mehr nur privat. Ich hatte so ein dringendes Bedürfnis, über die Situation mit meiner Schwester zu sprechen, wusste aber nicht, mit wem (außer mit Nessi). Also beschloss ich, ein YouTube-Video darüber zu drehen.

Es musste einfach aus mir raus – und zwar nicht nur innerhalb unserer vier Wände. Ich fühlte mich so missverstanden und konnte nicht fassen, wie es zu solch einem Bruch zwischen meiner Schwester und mir hatte kommen können.

Nach anderthalb Jahren Funkstille (auf das YouTube-Video kam keine Reaktion – worauf ich heimlich ein bisschen gehofft hatte …) bekam ich

Am 1. Dezember 2018 luden wir unser erstes YouTube-Video hoch, also genau drei Monate nachdem wir mit Instagram angefangen haben. Und TikTok haben wir dann übrigens im Mai 2019 gestartet. Unsere Absicht hinter unseren Social-Media-Auftritten war anfangs, dass wir uns so vor unserem Umfeld, also unseren Freund*innen und den Menschen aus der Universität outen konnten. Unsere Familien wussten da schon Bescheid.

endlich meine zweite Chance. Nachdem ich meiner Schwester einen Brief geschrieben hatte, näherten wir uns einander wieder an. Endlich konnte ich mit ihr sprechen, alles geraderücken, ihr meine Beziehung erklären. Sie vertraute mir dann an, dass sie damals einfach nicht gewusst habe, wie sie mit dieser neuen Situation umgehen sollte, und alles irgendwie befremdlich fand. Ich war sehr

Ich habe Ina dann irgendwann dazu ermutigt, ihrer Schwester einen Brief zu schreiben. Ich meinte zu ihr, dass wir das jetzt klären sollten, weil man sich nach anderthalb Jahren ja auch verändert. Den Brief haben wir dann zusammen verfasst und Ina hat ihn eingeworfen.

dankbar, dass meine Schwester und ich uns nach so langer Zeit endlich wiederhatten und wir uns gegenseitig verzeihen konnten.

Aus dieser Erfahrung konnte ich einiges für mich mitnehmen. Im ersten Moment, und auch während der Zeit bis zur Kontaktaufnahme, war ich echt verletzt von der Reaktion meiner Schwester. Aber nach einer gewissen Zeit verstand ich, dass ich vielleicht zu viel von ihr erwartet hatte: dass sie meine Gefühle zu Vanessa sofort verstehen, es super finden und mich unterstützen würde. Ich habe einfach nicht damit gerechnet, dass sie es nicht versteht, es ignoriert und sogar den Kontakt abbricht. Heute weiß ich, dass ich meinem Gegenüber bei so etwas Zeit geben und auch Verständnis zeigen sollte. Dass manche Menschen, bei denen gegenüber man sich outet, nicht sofort schreien »Mensch, super!«, sondern sich erst mal an den Gedanken gewöhnen müssen. Dabei kann es helfen, die Person an die Hand zu nehmen und ihr dabei zu helfen, einen zu verstehen. Indem man am Ball bleibt und immer wieder versucht, der Person das alles näherzubringen. Vielleicht hätte ich den Mut aufbringen sollen, meine Schwester noch mal auf das Thema anzusprechen, als sie so tat, als wäre nichts gewesen. Ich weiß mittlerweile, dass ihre Reaktion nicht bedeutet hat, dass sie mich als Mensch blöd fand, sondern nur, dass sie selbst sehr überfordert damit war. Ich hoffe, dass auch andere Menschen aus meiner Erfahrung mitnehmen können, dass man auf sein Gegenüber achtgeben sollte. Sowohl auf die Person, vor der man sich outet, als auch auf die Person, die gerade ihr Coming-out hat.

Ich weiß noch, dass du davor am meisten Angst hattest.

Kurz darauf hatte ich mich dann auch wieder gefasst und beschloss, auch meinem Papa davon zu erzählen.

Meine Eltern waren inzwischen getrennt und sprachen zu diesem Zeitpunkt nur noch über das Nötigste miteinander. Ich konnte also davon ausgehen, dass er noch von nichts wusste … Ich hatte mich entschieden, meinem Papa ebenfalls eine Nachricht zu schreiben. Am 9. Februar 2019 war es dann so weit – fast ein halbes Jahr, nachdem ich es meiner Mutter gesagt hatte. Es ist eine etwas längere Nachricht geworden, in der ich ihm erklärt habe, dass Vanessa und ich nicht nur Freundinnen seien, sondern zusammen und dass das auch so bleiben würde (um einen möglichen »Es ist sicher nur eine Phase«-Satz direkt abzublocken).

Hallo Papa,
ich schreibe zum zehnten Mal diesen Satz und bin mir immer noch unsicher, ob ich diese Nachricht abschicken soll. Ich möchte dich nicht anlügen, und ich möchte weiterhin so ein gutes Verhältnis zu Dir haben, sodass ich es dir endlich sagen muss. Ich bin nicht nur mit Vanessa befreundet, sondern mit ihr richtig zusammen.
Ich hätte auch niemals gedacht, dass es so kommt, aber kann es nicht ändern. Ich habe etwas Angst, was du dazu sagst und denkst du hoffe, dass du mir diese Angst nehmen kannst.

Außerdem schrieb ich, dass ich hoffte, dass er sich für mich freute und dass ich immer sein »Keks« bleiben würde (so nennt mich mein Papa, seit ich denken kann, hihi). Und dann war es so weit: In der WhatsApp-Nachricht erschienen die zwei blauen Haken – mein Papa hatte sie also gelesen. Aber er antwortete nicht ... Ich wartete und wartete. Und fragte mich, wieso er sich nicht meldete. Ich hatte ein furchtbares Gefühl, denn ich dachte, er ließ mich nun hängen, weil er mit meiner Entscheidung nicht einverstanden war.

Ich habe das so mitgefühlt und auch nicht verstanden, warum er sich nicht meldete ...

Als am nächsten Tag immer noch keine Nachricht von ihm gekommen war, habe ich ihm eine weitere WhatsApp-Nachricht geschrieben – eine scherzhafte mit lachenden Emojis –, ob ich denn jetzt enterbt sei. Nach wenigen Minuten hatte auch diese Nachricht die blauen Haken. Aber er antwortete wieder nicht. Ich drehte fast durch, kann ich dir sagen. Ich wusste nicht, wohin mit mir. Ich lief im Zimmer auf und ab, weinte und schrie. Mein Papa bedeutet mir sehr viel und ich hatte so gehofft, dass er positiv reagieren würde. Aber nun hatte ich natürlich ein ganz schlechtes Gefühl. Mit Nessis Unterstützung habe ich dann den Mut gefunden, ihn anzurufen – zumal ich es wirklich komisch fand, dass er so gar nicht reagiert hatte, vielleicht war ihm ja auch etwas passiert.

Und ab hier nahm die Geschichte zum Glück eine gute Wendung! Denn erstens ging mein Papa an sein Handy (puh!) und zweitens hatte ihn einfach die Arbeit von einer Antwort abgehalten. Ich war so erleichtert! Er hatte nichts von Nessi und mir geahnt, war daher etwas überrascht, aber auf keinen Fall enttäuscht. Er versicherte mir, dass er mich noch genauso lieb hatte und haben würde wie vorher, auch wenn er sich erst einmal daran gewöhnen musste. WOW!! Was für ein Erfolgserlebnis. Mein Paps fand es auch okay – der zweite Stein fiel mir vom Herzen.

Weißt du, wie glücklich mich das machte?! Ich wusste ja, dass meine Eltern sich nicht mit gleichgeschlechtlicher Liebe auskannten und bis dahin keine Homosexuellen gekannt hatten. Daher war ich umso glücklicher, dass sie Nessi als meine Partnerin annehmen konnten und kein Problem mit mir und einer gleichgeschlechtlichen Beziehung hatten.

Bezüglich meiner Oma riet mir mein Papa, es ihr persönlich zu erklären. Ich entschied mich dann aber dennoch für den telefonischen Weg, und das auch zeitnah, da ich nicht von meinem Papa verlangen wollte, mein Geheimnis vor seiner Mama geheim halten zu müssen. Also atmete ich tief durch und wählte ihre Nummer. Meine Stimme war zittrig und meine Oma fragte direkt, ob bei mir alles okay sei. Ich erklärte ihr dann, dass Vanessa und ich nicht nur Freundinnen seien, sondern ein richtiges Paar. »Na, und wieso seid ihr nicht Freunde geblieben?«, fragte sie leicht verwundert. Sie konnte nicht begreifen, dass ich eine romantische Beziehung zu Nessi wollte. Es war ein sehr intensives Gespräch und ich versuchte es meiner Oma zu erklären. Ich war ja inzwischen fast schon ein Profi darin, aber ganz leicht fiel es mir trotzdem nicht. Letztlich war meine Oma sehr überrascht und ich denke, sie kann es immer noch nicht richtig nachvollziehen. In ihrer Jugend (also wohl eher in ihrem direkten Umfeld) habe es so etwas nicht gegeben, sagte sie mir oft, daher sei es für sie schwer, sich das vorzustellen. Aber sie möchte, dass ich glücklich bin, und versucht daher ihr Bestes.

> *Ich bin ihr auch nicht böse. Ich weiß, dass du häufig traurig darüber bist, dass sie es nicht besser versteht. Aber weißt du, Bubu, sie ist über 85 Jahre alt … Und sie hat mich total gern! Das ist für mich das Wichtigste! Sie wird es niemals vollständig verstehen, aber das ist für mich überhaupt nicht schlimm.*

Für mich waren die bevorstehenden Gespräche mit diesen drei Menschen – Papa, Mama und Oma – also am schlimmsten, denn alle drei

schätze ich sehr und hatte in der Vergangenheit immer auf sie zählen können. Es hätte mich getroffen, wenn sie mich fortan mit anderen Augen gesehen hätten oder anders zu mir gewesen wären. Das waren also im Nachhinein drei gewaltig große Steine, die mir da vom Herz gefallen sind …

Meine restliche Familie erhielt keine WhatsApp-Nachrichten von mir, da habe ich andere Wege eingeschlagen und mich auch viel bereiter gefühlt (es wird mit jedem Mal leichter, versprochen!). Meine Cousine zum Beispiel hat es an einem Tanzabend erfahren. Da sagte es Nessi ihr und sie freute sich riesig für uns. Nessi und sie haben einen ganz besonderen Draht zueinander und ich bin superstolz darauf, dass sie uns beiden gleich mit Glückwünschen um den Hals fiel und immer noch so supportet.

Oh ja! Das weiß ich noch. Wir waren abends mit deiner Cousine und ihrem Freund unterwegs. Ich habe mich an dem Abend super mit ihr verstanden, sodass ich ihr einfach erzählte: »Übrigens, Ina und ich sind ein Paar.« Sie hatte sich so für uns gefreut und ich finde, sie hat von Inas Verwandten am besten reagiert. Sie war total lieb und hat sich für uns gefreut, obwohl sie gar nichts geahnt hatte. Ich wusste, dass ich es Ina erleichtere, wenn ich es ihrer Cousine einfach erzähle. Das war auch für mich das erste Mal, dass ich es persönlich ausgesprochen hatte, und ich war wirklich stolz auf mich selbst.

Zu Beginn wirst du wahrscheinlich mit dem einen oder anderen Vorurteil konfrontiert werden. Nessis Mama hat beispielsweise beim
ersten Telefonat gefragt, wer denn bei uns den männlichen Part über-
nehme – eine Frage, die wir ganz und gar nicht lustig fanden. Aber
mittlerweile können wir darüber lachen. Neben der Frage, wer bei uns
der Mann ist, sind wir im Laufe der letzten vier Jahre noch weiteren
Vorurteilen und häufig falschen Klischees begegnet:

- »Ihr seht gar nicht lesbisch aus!«
- »Ihr seid nur zusammen, um Aufmerksamkeit zu bekommen.«
- »Ihr habt doch einfach nur schlechte Erfahrungen mit Männern
  gemacht.«
- »Müsstet ihr beide nicht kurze Haare haben?«
- »Wann habt ihr es euch eigentlich ausgesucht, lesbisch zu sein?«
- »Wann seid ihr lesbisch geworden?«
- »Wie lange geht diese Phase eigentlich?«
- »Ihr seid männerfeindlich, oder?«
- »Aber Kinder könnt ihr ja dann nicht bekommen!«

Mein Papa ging am Anfang zum Beispiel auch davon aus, dass wir
keine Kinder wollten, und sprach mich bei unserem ersten persönlichen Gespräch über das Thema darauf an. Zuerst war ich etwas
sauer, aber dann dachte ich mir: »Es ist doch besser, dass er fragt,
als wenn er direkt über uns urteilt. Wie soll er auch etwas darüber
wissen?« Nicht jede*r setzt sich so aktiv damit auseinander wie wir
selbst. Und auch wir mussten uns ja zu Beginn intensiv mit diesen
für uns neuen Themen beschäftigen. Ich habe ihm dann erklärt,
dass wir beide definitiv Nachwuchs möchten und wie wir diesen Kin-
derwunsch vielleicht irgendwann in die Realität umsetzen könnten.

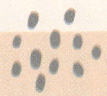

HÖR AUF
DEIN HERZ

JETZT MAL KLARTEXT:

Jede*r sollte den eigenen Weg finden, um
sich zu outen, denn es gibt verschiedene
Möglichkeiten und Herangehensweisen.
Wir haben uns persönlich für eine Mitteilung
per WhatsApp entschieden.

UNSERE TIPPS FÜRS COMING-OUT VOR DER FAMILIE

Leider haben wir keinen Alleskönner-Tipp für das Coming-
out vor der Familie. Wir denken, eine richtige Art und Weise
gibt es nicht, denn jede Familie ist anders. Und wer kennt
deine Familie besser als du selbst? Aber wir geben dir
gerne ein paar allgemeine Tipps mit auf den Weg, die uns
damals sicherlich geholfen hätten.

TIPP 1: Rede zuerst mit einer Person aus deiner Verwandt-
schaft, die du sehr gerne hast und der du komplett vertraust. Fange am besten bei dem Menschen an, bei dem
es dir am leichtesten fällt. Vielleicht kann dir diese Person
anschließend bei deinem Umfeld helfen?

TIPP 2: Unser bester Weg muss nicht dein bester Weg sein. Fällt es dir leicht zu schreiben? Redest du über wichtige Themen lieber persönlich mit jemandem? Oder telefonierst du gerne? Für uns hat sich das Schreiben richtig angefühlt. Aber das ist bei jedem Menschen anders.

TIPP 3: Deine Sicherheit steht an erster Stelle! Das klingt vielleicht hart, aber wenn du weißt, dass deine Sicherheit nach dem Coming-out nicht gewährleistet werden kann, solltest du warten. Das könnte zum Beispiel der Fall sein, wenn du in einem Land lebst oder aufgewachsen bist, das Homosexualität noch unter Strafe stellt. Oder wenn deine Familie sehr religiös und/oder konservativ ist oder du generell Angst um dein Wohlbefinden hast. Es ist superwichtig, dass es dir nach dem Coming-out gut geht – also pass bitte auf dich auf!

TIPP 4: Übe vor dem Spiegel oder schreibe in dein Tagebuch! So haben wir das gemacht. Wir sind die verschiedenen Szenarien und Reaktionen immer und immer wieder durchgegangen.

TIPP 5: Hoffe auf das Beste und rechne mit dem Schlimmsten! Wir haben immer gehofft, dass alle unsere Freund*innen und Familienmitglieder uns unterstützen. Allerdings haben wir in unserem Kopf auch durchgespielt, wie es wäre, wenn sie nicht so positiv reagieren und was wir darauf sagen würden.

DURCHSCHNITTLICH 16,9 JAHRE ALT SIND LGBT*-MENSCHEN BEI IHREM ERSTEN ÄUSSEREN COMING-OUT.

COMING-OUT: GOS UND NO-GOS

Wir haben darüber nachgedacht, was es bei den Reaktionen auf ein Coming-out so an Gos und No-Gos gibt. Hier haben wir ein paar mögliche unterhaltsame Antworten deines Gegenübers gesammelt: 😉

DINGE, DIE MAN LIEBER NICHT SAGEN ODER TUN SOLLTE

»Super! Ich lasse mir direkt ein großes Regenbogentattoo stechen!«

»Also keine Biene und Blume, sondern Blume und Blume, oder wie soll ich das verstehen?«

Laut das Lied »I'm Coming Out« von Diana Ross singen.

Eine Coming-out-Party in der Nachbarschaft feiern.

Den Nachbarn anrufen und sagen: »Ich habe die Wette gewonnen! Du schuldest mir 50 Euro!«

DINGE, DIE MAN STATT-DESSEN SAGEN KANN ...

»Ich freue mich so für dich!«

»Ich wusste es! Das ist wunderbar!«

»Ich habe dich lieb und bin immer für dich da.«

»Cool! Soll ich Kaffee für euch beide machen und dann erzählst du mir mehr?«

»Ich bin stolz auf dich!«

GIB IHNEN ZEIT!

Vielleicht reagiert deine Familie nicht so, wie du es erwartet oder dir gewünscht hast. Dann denk daran: Du hast Zeit gebraucht und dein Umfeld wird sie ebenfalls brauchen. Wir sind uns sicher, dass früher oder später alles »normal« wird, aber jeder Mensch braucht unterschiedlich lange, um sich an den neuen Gedanken zu gewöhnen. Die einen haben eine unterstützende, farbenfrohe Familie, die sich sofort freuen kann, aber bei anderen müssen die Lieben zuerst eine Nacht darüber schlafen. Aber auch wenn deine Verwandten erst mal zurückhaltend reagieren: Das muss nicht heißen, dass sie dich nicht mehr lieben – im Gegenteil! Vielleicht wollen sie in Ruhe darüber nachdenken oder sich austauschen, damit sie dir die bestmögliche Unterstützung bieten können! Manchmal dauert es einfach länger. So war es zum Beispiel auch bei Inas Schwester, die knapp ein Jahr gebraucht hat, um alles zu verstehen. Natürlich ist das schmerzhaft und man wünscht sich, dass alle sofort glücklich mit der Situation sind und wohlwollend reagieren. Aber überlege doch mal: Ina und ich haben selbst auch ein bis zwei Jahre gebraucht, um die richtigen Worte zu finden. Da können wir nicht erwarten, dass unsere Familien das innerhalb von zwei Minuten hinbekommen!

DAS FAMILIENMITGLIED, VOR DEM SICH EINER STUDIE ZUFOLGE DIE MEISTEN JUGENDLICHEN ZUERST OUTEN, IST DIE MUTTER.

DU UND DEINE LIEBSTEN

Wer steht dir am nächsten?

....

Mit wem kannst du über alles reden?

....

Auf wen kannst und konntest du dich immer verlassen?

....

Wer bringt dich oft zum Lachen?

....

Mit wem bist du am liebsten zusammen?

....

Wer ist immer für dich da?

....

Wem hast du zuletzt geholfen?

....

BANANENBROT À LA INA

TIPP Mach deinen Liebsten doch eine Freude und schenke ihnen ein selbst gemachtes Bananenbrot!

ZUTATEN FÜR DEN TEIG:

- etwas Sonnenblumenöl für die Form
- 4 reife Bananen, geschält
- 200 g Mehl
- 2 Eier
- 1 Teelöffel Kakaopulver
- 1 Prise Salz
- 1 Teelöffel Zimt
- 1 Prise Backpulver
- 1 Esslöffel Honig
- bei Bedarf etwas Wasser oder Milch
- 50 g Himbeeren, gefroren

ZUBEREITUNG:

Den Backofen auf 180 Grad (Umluft) vorheizen. Eine Kastenform mit Öl einreiben. Drei der Bananen in einer Schüssel mit einer Gabel zerquetschen und mit dem Mehl und den Eiern vermengen. Anschließend Kakaopulver, Salz, Zimt, Backpulver und Honig unterrühren. Wenn es zu fest wird, etwas Wasser oder Milch hinzufügen. Die Teigmasse nun in die Kastenform geben. Eine Banane längs halbieren und oben in den Teig drücken. Die gefrorenen Himbeeren auf den Teig legen. Die Kastenform für ca. 40–50 Minuten in den Ofen geben, zwischendurch den Bräunungsgrad kontrollieren. Nach der Backzeit das Bananenbrot rausholen, abkühlen lassen, aus der Form stürzen und dir schmecken lassen! 😊 ❤️

LET'S DANCE!

Bist du gerade total aufgeregt, nervös oder nicht gut drauf? Uns hilft dann immer Bewegung. Mach dir Songs an, die dir gute Laune bereiten, und tanze so, als würde niemand zuschauen. Danach wirst du dich bestimmt etwas leichter fühlen.

WIE WÄRE ES MIT DIESEN SONGS?

WANNABE von den Spice Girls

GIRLS LIKE US von Zoe Wees

DON'T CALL ME UP von Mabel

HIGH HOPES von Panic! at the Disco

LIPS ARE MOVIN von Meghan Trainor

OUTSIDE von Calvin Harris ft. Ellie Goulding

BOOM CLAP von Charli XCX

CAN'T HOLD US von Macklemore

I KISSED A GIRL von Katy Perry

BORN THIS WAY von Lady Gaga

VINCENT von Sarah Connor

UNSERE WICHTIGSTEN BUBU-SONGS

DAS WERDEN UNSERE SONGS FÜRS STANDESAMT:

BEIM REINLAUFEN: *River Flows In You* von Yiruma

NACH DEM JAWORT: *Wie schön du bist* von Sarah Connor

ANSCHLIESSEND: *Marry You* von Bruno Mars

DER SONG BEIM REINLAUFEN AUF UNSERER
GROSSEN HOCHZEITSFEIER:

She's The One von Robbie Williams

DER SONG, DER BEI UNSEREM ERSTEN KUSS
IM HINTERGRUND LIEF:

7 Years von Lukas Graham

DER SONG, BEI DEM INA VON NESSI EINEN HOCHZEITS-
ANTRAG BEKOMMEN HAT:

Kanon in D-Dur von Johann Pachelbel

DAS COMING-OUT BEI FREUND*INNEN

Und da sind dann noch die Freund*innen ... denen will man es natürlich auch sagen. In diesem Kapitel werden wir dir erzählen, wie wir es unseren Freund*innen gesagt und wie sie darauf reagiert haben. Du musst wissen, dass sich unsere Freundeskreise stark überschneiden, weil wir fast alles zusammen machen. Übrigens hatten wir Angst, dass besonders unsere Freundinnen nun die Vermutung aufstellen würden, dass wir schon einmal in sie verliebt gewesen wären. Wir wissen nicht, woher dieses Klischee kommt – heterosexuellen Menschen wird doch auch nicht unterstellt, dass sie sich in jedes Mädchen beziehungsweise jeden Jungen der Klasse verlieben oder mal in alle verliebt waren, die ihnen je begegnet sind.

INA: Ich habe für mein inneres Coming-out ja echt einige Zeit gebraucht. Sooo lange wollte ich mir nicht eingestehen, dass ich mich in Nessi verliebt hatte. Und genauso bin ich dann damit auch vor meinen Freund*innen umgegangen und habe niemals auch nur Anzeichen in diese Richtung gezeigt – auch nicht, als Nessi und ich schon zusammen waren. Meine beste Freundin Lisa ist ein sehr offener Mensch und ich hatte nicht wirklich Angst, es ihr zu sagen oder ihren Erwartungen nicht gerecht werden zu können, sondern es war mehr ein Gefühl der Unsicherheit. Es fällt mir schwer, mich daran zu erinnern, denn ich kann selbst manchmal nicht glauben, dass ich so feige gewesen sein soll. Aber ihr nicht die Wahrheit zu sagen, hat sich genauso blöd angefühlt – wenn nicht sogar viel schlimmer.

VANESSA: *Das ist echt eins der anstrengendsten Dinge am Nicht-geoutet-Sein: Es kostet so viel Kraft, vor seinen Liebsten nicht so zu sein, wie man ist. Oder eine so wichtige Sache wie eine Beziehung geheim zu halten.*

INA: Mit Lisa haben Nessi und ich mal einen gemeinsamen Mädels-abend verbracht, da waren wir bestimmt schon über ein Jahr zusammen. Wir sind um die Häuser gezogen und haben uns an der U-Bahn-Station Eberswalder Straße getroffen. Von dort aus sind wir Falafeln essen gegangen und haben uns danach mit einem Becher Weißwein vor einen Späti gesetzt. Wir hätten wirklich Stunden dort verbringen können. Einige Zeit blieben wir dann dort und haben geredet. Gut gelaunte Menschen sind an uns vorbeigefahren, haben uns gewunken und scherzhafte Kommentare zugerufen. Je später der Abend wurde, desto entschlossener waren wir, dass wir noch tanzen gehen wollten, also: gesagt, getan. Wir entschieden uns, in einen Club zu gehen. Der Abend verlief dann aber ganz anders, als wir gedacht hatten: Nessi und Lisa gingen schon mal vor in Richtung WC, während ich noch unsere Jacken an der Garderobe abgab. Als wir uns wiedergefunden hatten, fiel mir Lisa um den Hals und freute sich tierisch. Ich wusste erst nicht, was los war, aber Lisa meinte dann zu mir, dass ich es ihr doch schon so viel früher hätte sagen können. In Nessis Blick habe ich gesehen, worum es ging und dass sie ihr das mit unserer Beziehung gesagt hatte.

VANESSA: *Ja, ich habe den Moment im Club-WC einfach genutzt. Ich habe mich in dem Moment mit Lisa so gut verstanden, dass ich es ihr einfach erzählen musste. Sie hatte nichts davon geahnt und freute sich so sehr für uns. Das war total schön anzusehen. Ich hatte dir davon vorher nichts erzählen können, Bubu, weil es einfach eine komplett spontane Situation war. Aber der Moment fühlte sich einfach richtig an.*

INA: Es war ja auch gut, dass du da auf dein Bauchgefühl gehört hast, Bubu. Du wusstest, dass es mir selbst schwerfallen und ich mich über deine Hilfe beim Coming-out freuen würde. Klar, ich fühlte mich im ersten Moment schon etwas überrumpelt, aber war dann superfroh, als es raus war – und ihre Reaktion war ja wirklich atemberaubend. Lisa freut sich bis heute für uns und ist nun schon seit vielen Jahren an meiner Seite.

Leider muss ich aber auch von einem Erlebnis berichten, das nicht so erfreulich gelaufen ist: Eine ebenfalls sehr enge Freundin von mir, ich nenne sie jetzt mal Maria, hatte mich einige Male darauf angesprochen, dass ich mich verändert hätte. Ich ahnte, was sie meinte, aber habe es meist auf die Uni oder auf die Arbeit geschoben. Jedoch kannte ich den wahren Grund: Ich liebte eine Frau und konnte es immer noch nicht zugeben. Meine Freundin Maria wollte damals schon immer einen festen Freund haben und hat es geliebt, sich über Jungs auszutauschen. Ich hatte ja jahrelang gedacht, dass es mir auch so ginge. Aber als ich mich dann Hals über Kopf in Nessi verliebt hatte, wurde es anders. Ich wollte Maria nicht anlügen, aber die Wahrheit konnte ich ihr auch nicht sagen. Sie hatte doch immer von den Vierer-Dates gesprochen.

Dass das auch mit drei Mädels, also ihr, ihrem Freund, Nessi und mir, gehen würde – auf den Gedanken bin ich damals nie gekommen. Und so entfernte ich mich immer weiter von ihr. Dadurch fühlte sich Maria aber wohl durch Nessi als beste Freundin ersetzt und war eifersüchtig. Das ging so weit, dass sie mir einmal eine Nachricht mit »Immer heißt es nur Vanessa, Vanessa, Vanessa« schrieb – einfach, weil ich ihr nicht erklärte, dass meine Beziehung zu ihr eine völlig andere war und dass Nessi Maria nicht ersetzen sollte. Aber so entfernten wir uns immer weiter voneinander und die Freundschaft schlief ein.

Einige Wochen nach dem Abend im Club waren wir dann bei Nessis Papa auf Mallorca und ich sah eine von Marias Storys auf Instagram. Ich vermisste sie da gerade sehr und das tue ich heute auch oft noch. Ich sah, dass es ihr gut ging, und beschloss, mein Verhalten der letzten Wochen aufzuklären. Ich schrieb ihr also via WhatsApp (mein liebstes Coming-out-Kommunikationsmittel, auch in dieser Situation), dass ich mit Nessi zusammen bin. Ihre Reaktion war nicht wirklich negativ. Sie schrieb, dass sie sich mein Verhalten nicht hatte erklären können und es auch heute noch nicht konnte und dass sie enttäuscht war, dass ich es ihr nicht schon viel früher anvertraut hatte. Zwar wünschte sie uns alles Gute, aber die Nähe zwischen Nessi und mir mache es für sie schwierig, mit mir befreundet zu sein. Sie meinte auch viele Male, dass es nicht die gleichgeschlechtliche Beziehung sei, dass sie damit kein Problem habe. Aber ich glaube, sie war einfach sehr enttäuscht über mein fehlendes Vertrauen und die fehlende Offenheit.

VANESSA: *Ich kann das schon verstehen. Man hat eine beste Freundin, mit der man sich richtig gut versteht, alles teilt, durch dick und dünn geht, aber dann kommt ein anderes Mädel um die Ecke und die beste Freundin möchte dann nichts mehr mit einem unternehmen, lieber nur mit dem neuen Mädel. Man fühlt sich dann total doof, wenn* *man merkt, dass man nicht mehr die beste Freundin, sondern das fünfte Rad am Wagen ist, dass man ausgetauscht wurde. Und die Info, dass das neue Mädel nicht die freundschaftliche Konkurrenz ist, sondern die feste Beziehung, kommt halt insgesamt zwei Jahre zu spät.*

INA: Ich kann an dieser Stelle nur sagen, wie doof es ist, dass ich nicht früher fähig war, ehrlich zu sein. Ehrlich zu Maria, zu Lisa, zu mir selbst und zu noch vielen anderen. Es tut Menschen weh, wenn sie dir nahestehen und sehen, wie du dich veränderst, aber nicht wissen, warum. Vor allem: Ich konnte mein großes Glück nicht mit meinen mir eigentlich nächsten Menschen teilen.

VANESSA: *Das ging mir auch so. Umso glücklicher und erleichterter war ich, als dann die meisten unserer engsten Freund*innen Bescheid wussten – immerhin hatten wir das geschafft. Aber da waren noch so einige Menschen in unserem Umfeld, die es nicht wussten. Zum Beispiel die Menschen aus der Uni oder dem entfernteren Bekanntenkreis. Sicherlich hätten wir uns auch darauf ausruhen können, dass sich die Nachricht über unsere Beziehung wie ein Lauffeuer unter den Menschen verbreiten würde, wenn man es bei einigen wenigen erzählt. Aber auf diese Art der Nachrichtenübermittlung wollten wir lieber verzichten. Wir wollten schon gerne, dass sie es aus erster Hand, also von uns, erfahren. Vielleicht hätten wir auch mit einem T-Shirt mit dem Aufdruck »Ich bin lesbisch und mit Ina/Vanessa zusammen« in die Uni gehen sollen? Spaß beiseite, wir haben für uns dann einen sehr stimmigen und praktischen Weg gefunden.*

INA: Und den ersten Schritt hat (wie sollte es auch anders sein) Nessi gemacht. Mit ihrem Handy haben wir im Oktober 2018 ein richtig schönes Kussfoto in Friedrichshain gemacht. Am 1. September kam Nessi

dann zu mir und hielt mir ihr Handy unter die Nase. Sie hatte einfach einen Instagram-Account erstellt und das Foto dort öffentlich hochgeladen! Im ersten Moment war der Gedanke zwar ungewohnt, sich im Internet so zu zeigen. Aber ab diesem Zeitpunkt waren wir ja schon größtenteils geoutet, deswegen fand ich die Idee auch richtig gut. Vor allem, wenn ich heute auf diesen Moment zurückblicke, denn das war der Startschuss einer so, so schönen Sache. Dass uns mal so viele Menschen folgen und wir eine richtig liebe Community aufbauen würden, hätten wir damals nicht gedacht.

> **VANESSA:** *Richtig, wir wollten den Account ja auch nicht mit dem Ziel der riesigen Reichweite aufmachen, um damit »berühmt« zu werden. Eigentlich wollten wir uns mit dem Bild nur bei all unseren Freund*innen outen – wir hätten niemals gedacht, dass die ganze Sache jemals so groß wird und wir so viele Menschen erreichen würden. Tatsächlich haben wir schon innerhalb weniger Stunden nach der Veröffentlichung des ersten Fotos unfassbar viel positives Feedback von fremden Menschen bekommen, das hat uns richtig gefreut und uns unendlich viel Kraft gegeben.*

INA: Genau und irgendwann hat uns sogar ein Berliner Radiosender angeschrieben mit der Frage, ob wir ins Studio kommen wollten. Wir waren so aufgeregt vor diesem Interview und haben unseren ganzen Mut zusammengenommen. Aber dann hat es uns auch noch richtig Spaß gemacht.

> **VANESSA:** *Es war so krass für uns zu wissen, dass wir gerade im Radio über unsere Beziehung sprechen und uns dabei so viele Menschen zuhören! So hat es übrigens auch meine damalige beste Freundin und Mitbewohnerin Sophie erfahren – durch einen Radiobeitrag.*

INA: Im Nachhinein ist es uns auch ein wenig unangenehm, dass so viele Freund*innen und Bekannte über das Radio oder über unser Kussbild auf Instagram von unserer Beziehung erfahren haben und wir nicht den Mut hatten, es ihnen persönlich zu sagen. Aber es war für uns damals einfach so schwer! Und so konnten es möglichst viele auf einmal erfahren.

VANESSA: *Das habe ich so dann auch meiner Freundin Sophie erklärt, als ich mit ihr nach dem Radiointerview noch mal darüber sprach. Sie meinte zu mir, dass sie bereits geahnt hatte, dass ich mit Ina zusammen war, weil ich immer weniger Zeit für sie gehabt hatte und auf einmal nur noch was mit Ina unternahm. Und als sie dann unsere Stimmen im Radio gehört hatte, war sie sich nun zu hundert Prozent sicher, dass wir zusammen waren. Sie nimmt es mir nicht übel, aber ich weiß, dass sie sich mehr gefreut hätte, wenn ich es ihr persönlich gesagt hätte.*

INA: Deswegen möchten wir dir an dieser Stelle Mut machen, wenn du selbst in so einer Situation steckst, wie wir es damals waren. Echte Freund*innen werden dich nicht dafür verurteilen, sondern weiter hinter dir stehen. Und sie sind dann auch bei deinen Sorgen oder Problemen für dich da. Du schaffst das, wir glauben an dich!

MACH DICH SELBST GLÜCKLICH, NICHT ANDERE.

JETZT MAL KLARTEXT:

TIPPS ZUM COMING-OUT BEI FREUND*INNEN

1 Fange erst mal mit einer Person an. Wenn du unsicher bist und dich zum ersten Mal outest, kann es dir Sicherheit geben, es nicht gleich der ganzen Clique zu sagen.

2 Warte den richtigen Zeitpunkt ab. Wenn ihr gerade Streit oder Zeitdruck habt, solltest du dein Coming-out besser verschieben.

3 Mache dich auf alle Szenarien gefasst. Vielleicht reagiert dein Gegenüber mit großer Überraschung, ist verunsichert, nicht richtig informiert, stellt unangenehme Fragen oder möchte gerade nicht weiter darüber reden – wenn du dich darauf einstellst, bist du besser für mögliche negative Reaktionen gerüstet.

4 Gib deinen Freund*innen Zeit zum Nachdenken, wenn sie darum bitten oder du merkst, dass sie mit der Situation überfordert sind.
Wer ist bereits eingeweiht? Sag deinen Freund*innen, wer bereits davon weiß oder wem sie davon erzählen dürfen. Damit stellst du sicher, dass sie dich anderen gegenüber nicht unwissentlich outen und sich trotzdem untereinander austauschen können.

DIE MEISTEN JUGEND-
LICHEN OUTEN SICH
ZUERST BEI IHREN
FREUND*INNEN.

CIRCA 52 % ALLER DEUTSCHEN
HABEN LESBISCHE, SCHWULE
ODER BISEXUELLE MENSCHEN
IM FREUNDES- UND BEKANN-
TENKREIS. IN GANZ EUROPA
SIND ES 49 %.

GEGEN HOMOPHOBIE UND TRANSPHOBIE

Wenn Homosexualität abgelehnt wird, nennt man das Homophobie. Wenn Menschen sich abwertend gegenüber Trans*-Personen verhalten, nennt man das Transphobie. Phobie kommt aus dem Griechischen (*phóbos*) und heißt »Angst« oder »Flucht«, was aber nicht heißt, dass die Ablehnung aus reiner Angst heraus geschieht. Man kann eher davon ausgehen, dass homophobe Menschen an Stigmata und Vorurteile glauben, daher begegnen sie schwulen und lesbischen Personen oft mit starker Abneigung und Aggression. Das geht oft so weit, dass homosexuelle Menschen oder Menschen, die für homosexuell gehalten werden, von Mobbing und anderen Diskriminierungen betroffen sind. Deshalb ist es umso wichtiger, dass LGBT*-Themen mehr Aufmerksamkeit bekommen und dadurch Vorurteile abgebaut werden! Auf der nächsten Seite sind einige Überlegungen von uns dazu.

● WO IST UNSERE LESBISCHE/BI*SEXUELLE/TRANS*-PRINZESSIN? Wie wir aufwachsen und welche Vorbilder wir haben, prägt unsere Einstellung zum Leben. Wie viele lesbische und schwule Charaktere gibt es aktuell in Filmen und Serien? In welchen Büchern geht es um homosexuelle Romantik? Auch verschiedene Geschlechtsidentitäten werden fast gar nicht abgebildet. Da ist es kein Wunder, wenn wir als Kind fragend auf ein gleichgeschlechtliches Pärchen zeigen, das sich küsst, und von Mama oder Papa wissen wollen, was die beiden machen. Oder wenn wir uns selbst als »anders« empfinden, sobald wir merken, dass wir nicht heterosexuell sind. Und auch in Medien und Formaten, die sich an Jugendliche richten, gibt es noch ein großes Ungleichgewicht bei diesen Themen.

● EIN BLICK IN UNSERE SCHULBÜCHER ... und wir wissen, wer und was dort nicht oder kaum thematisiert wird. Im Aufklärungsunterricht wird, wenn man Glück hat, am Rande erwähnt, dass es auch Menschen gibt, die das gleiche Geschlecht lieben. Schlägt man dann mal ein Mathe- oder Deutschbuch auf, wird man dort wohl eher nicht fündig werden. Die meisten Unterrichtsmaterialien sind sehr veraltet, das sollte sich ändern!

● Apropos Schule: Vermutlich einer der ersten Orte, an denen man mit dem Thema **MOBBING** in Kontakt kommt. Wenn man von anderen Schüler*innen beschimpft, ausgegrenzt oder sogar körperlich angegriffen wird, ist das nicht in Ordnung! Bitte lass dir das nicht gefallen, habe den Mut und suche das Gespräch mit einer Vertrauenslehrkraft. Das Gleiche gilt übrigens auch, wenn du online gemobbt wirst (Cybermobbing). Falls du Angst hast, dass man dir nicht glaubt, schreibe jeden Vorfall mit Datum auf oder mache Screenshots, dann hast du etwas in der Hand. Deine Mobber*innen gehen davon aus, dass du schweigen wirst – finde dich nicht damit ab, sondern suche dir Hilfe!

SPRACHE IST EIN MÄCHTIGES WERKZEUG. Leider hört man es immer noch auf Schulhöfen, in Clubs, in der Familie – fast überall: »Das ist voll schwul!« oder »No Homo«. »Schwul« als Schimpfwort zu benutzen, geht gar nicht, damit werden Schwule als weniger wertvoll als andere Menschen dargestellt. Wenn dir dabei keine Gefahr droht, sprich die Person darauf an und frage sie ruhig, ob sie weiß, was das bedeutet und dass das schwulenfeindlich ist.

MIT
UNSEREM
HUND
CHARLY

EIN KOMPLIMENT FÜR DICH!

Challenge: Frag deine Freund*innen, was sie an dir
mögen/wie sie dich sehen (auch Eigenheiten sind erlaubt),
und schreib die Ergebnisse hier rein. Vergiss nicht, ihnen
vorher auch zu sagen, was du an ihnen schätzt.

....

....

....

....

....

....

....

....

....

....

....

SUCH MAL!

```
F U A O U T I N G Q
Q S D H J L L O F V
G L Ü C K L I C H P
D R D F Z E A G Q R
A R A H R Y K X S I
D U L G B T Z C H D
S F E C U O E N B E
X E L O T Y P P L N
B U B U V R T C H S
A X A T E L A Q R Z
F S E T T P N H Z I
J U F L W R Z Y T I
V A N I U Z A X F R
R E G E N B O G E N
A T U B J F K O U S
E U S E V T K U S S
D E A T Y L L E G P
```

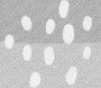

SPREAD-THE-LOVE-CHALLENGE

Das Glück ist das einzige, das sich verdoppelt,
wenn man es teilt! Mach anderen und damit auch dir
eine Freude mit dieser Challenge.

1. Verteile zwei Umarmungen.

2. Mache drei Menschen in einer Direktnachricht
ein Kompliment.

3. Singe oder träller »Don't worry, be happy«
per Sprachnachricht.

4. Rufe jemanden an, mit der*dem du sonst nicht telefonierst,
und frag den Menschen, ob du bei etwas helfen kannst.

5. Ein Familienmitglied hat gerade richtig viel Stress?
Backe einen Kuchen (Bananenbrot geht auch ) oder
pack im Haushalt mit an!

6. Schicke mindestens zwei deiner Liebsten jetzt eine Sprachnachricht, in der du dich für die Freundschaft bedankst und dazu sagst, was du an ihnen am meisten schätzt!

7. Kommentiere zwei Fotos oder Videos von Menschen, denen du ein Lächeln aufs Gesicht zaubern möchtest.

8. Gibt es jemanden, der*dem du für etwas sehr dankbar bist? Schreibe dieser Person einen Brief und sorg auf dem Postweg für eine Überraschung! Vielleicht magst du ein paar ausgedruckte Fotos dazulegen oder gleich ein ganzes Fotobuch gestalten?

9. Schreibe eine Woche lang jeden Tag einem*einer anderen Freund*in einen lieben Kommentar auf Social Media oder per Messenger.

DAS ERSTE MAL …

DAS ERSTE MAL … IN EINER BEZIEHUNG

VANESSA: *Das erste Mal so richtig in einer festen Beziehung war direkt mit dir, Bubu. Im Gegensatz zu dir* 😁 *…*

INA: Ich hatte tatsächlich mal einen Freund für ein paar Monate und dachte, dass ich ihn liebe. Ich wusste ja noch nicht, wie sich richtige Liebe genau anfühlt. Und mit diesem Jungen hatte ich dann auch meine allerersten intimen Erfahrungen. Ich wusste damals nicht genau, was ich von meinem ersten Mal halten sollte, weil mir auch einfach der Vergleich fehlte und ich davon ausging, dass das so schon richtig war.
Mit Vanessa war das aber von Anfang an ganz anders – einfach von Anfang an ein herzliches, warmes Gefühl, wenn ich sie küsste oder in ihren Armen lag. Ich habe mich bei ihr geborgen gefühlt.

VANESSA: *Du hast mal einen süßen Vergleich gebracht, als ich dich gefragt habe, wie du vorher überhaupt mit einem Jungen zusammen sein konntest. Du meintest: Wenn man einen leckeren Apfel isst, dann ist das toll, wenn man dann aber einen Schokokuchen probiert, merkt man erst, wie viel besser der Kuchen halt ist. Das fand ich süß und ich konnte es verstehen.*

INA: Du bist mein allerliebster Schokokuchen 😁! Aber mal Spaß beiseite: Wir beide sind ja sozusagen die ersten Menschen füreinander, für die wir echte Liebe empfunden haben. Voll romantisch.

VANESSA: *Jaa, voll schön!*

DAS ERSTE MAL ... »ICH LIEBE DICH«

Da war er nun, der Tag, an dem wir das erste Mal »Ich liebe dich« gesagt und uns das erste Mal verliebt geküsst haben. Wir kamen am 26. November 2016 zusammen. Im Verlauf des Abends waren wir uns immer nähergekommen, während wir in Inas Wohnung über alles Mögliche geredet hatten. Irgendwann küssten wir uns, aber es war dieses Mal eine andere Art Kuss: sehr gefühlvoll. Und wir stellten fest, dass dies daran lag, dass wir jetzt beide Gefühle füreinander hatten. Und so war es auch das erste Mal, dass wir über unsere Gefühle redeten. Ab diesem Abend wurde alles anders und seitdem sind wir so verliebt. Wir machten uns keine Gedanken über mögliche Coming-outs oder Hochzeiten, wir genossen einfach unsere gemeinsamen Momente. Auch wenn wir mit niemandem darüber geredet haben, hatten wir doch uns. Wir sahen uns fast jeden Tag und Nessi stand meist mit ihrem vollgepackten Koffer vor der Tür, damit wir gleich mehrere Tage hintereinander zusammen an einem Ort sein konnten: in Inas Wohnung. Jede Nacht ohne die jeweils andere war immer eine schlaflose Nacht. Wir hatten wirklich eine schöne Zeit – wir sind ins Kino gegangen, haben Shows besucht, haben gelacht, Serien geschaut und und und. In der Zeit haben wir bestimmt zehn Kilo zugenommen, weil wir viel Zeit in der Wohnung verbrachten, wir gerne zusammen aßen (das tun wir auch heute noch gerne) und es uns einfach gut ging. Wir erinnern uns sehr gerne an diese Zeit zurück, weil wir einfach so viel zusammen erlebt haben. Das Beste daran: Wir waren schon so lange beste Freundinnen gewesen, dass wir die Macken der anderen bereits kannten. Wir wussten also, auf was wir uns einließen! 😁

DAS ERSTE MAL … DIE FAMILIE DER ANDEREN KENNENLERNEN

VANESSA: *Ich war so aufgeregt, als ich Inas Eltern das erste Mal begegnet bin. Zuerst lernte ich Inas Mama kennen, die superlieb zu mir war. Als ich sie das erste Mal getroffen habe, dachten immer noch alle, dass wir »nur« beste Freundinnen wären – was wir zu dem Zeitpunkt gar nicht mehr waren. Ich hatte mich extra schick gemacht, mir eine Bluse angezogen. Sogar Ina meinte, dass ich mich nicht so anstellen und das anziehen solle, worauf ich Lust hätte! Im Endeffekt war es auch gar nicht so schlimm, aber eben trotzdem sehr aufregend. Nach und nach lernte ich dann auch alle anderen Familienmitglieder kennen und war jedes Mal ein bisschen weniger aufgeregt. Deshalb: Es wird besser! Auch wenn du bei den ersten Malen vor lauter Aufregung nicht mehr schlafen kannst.* 😊

INA: Mir erging es ähnlich. Das war auch so aufregend für mich, wir hatten schließlich bereits unser großes Geheimnis … Aber vorgestellt

haben wir mich als Nessis beste Freundin. Es muss an einem Winter-
tag gewesen sein, als ich das erste Mal mit zu Nessis Mama ging. Das
war alles recht spontan. Nessi hatte bei mir übernachtet und war schon
länger für den nächsten Tag mit ihrer Mama verabredet gewesen. Dann
fiel ihr recht spontan auf, dass sie mich gerne dabei hätte. Oh, wie aufgeregt ich war, ich wollte ja nichts Falsches sagen oder machen. Ich
wollte, dass mich Nessis Familie mochte. Mir zitterten vor Aufregung
die Knie und viel Zeit, um mich vorzubereiten, blieb mir nicht.
Da waren wir also: Nessis Mama (ihr Stiefpapa war noch bei der
Arbeit), Nessi und ich. Aufgrund meiner Aufregung war ich ganz schön
neben der Spur, so kam es mir zumindest vor. Nessis Mama erzählte
mir aber später, dass sie gar nichts von meiner Aufregung mitbekom-
men hatte (siehst du, die Aufregung vor dem ersten Mal bekommt man
meistens nur selbst mit 😁). Aber auch Nessi versicherte mir direkt
danach, dass es nicht so schlimm gewesen war und dass das Treffen
super gelaufen war. Beim Treffen selbst sprachen wir über klassische
Themen wie Beruf, Studium, Eltern usw. und ich hab dabei weder etwas
kaputt gemacht noch mich blamiert. Ach, du meine Güte, was war ich
froh! Bei den nächsten Treffen mit Nessis Mama war ich dann zwar ab
und zu immer noch nervös, aber es wurde immer besser. Inzwischen ist
es für mich unvorstellbar, dass ich mal so aufgeregt war, auch wenn ich
mich an das erste Mal noch erinnern kann, als wäre es gestern gewesen. Mittlerweile sind wir einfach eine große Familie und fahren sogar
regelmäßig gemeinsam in den Urlaub.

VANESSA: *Jap, ich habe sogar manchmal das Gefühl, dass meine
Mama dich mehr lieb hat als mich!* 😁 *Ihr trinkt ja mittlerweile
immer einen Kaffee zusammen, wenn ihr euch seht, und telefoniert
jede Woche mehrmals miteinander.*

INA: Ein weiteres, wirklich großes erstes Mal ist das Thema Zusammenziehen. Eines Tages stellte ich in meiner Wohnung fest: Es wurde immer mehr Kleidung, aber nicht mehr Platz. Ich hatte plötzlich eine Mitbewohnerin. Von Woche zu Woche fanden einfach immer mehr von Nessis Sachen in meiner Wohnung ihren Platz. Wenn Nessi einst noch mit ihrem kleinen rosa Koffer zu Besuch kam, gehörte das schon lange der Vergangenheit an – denn eigentlich war sie inzwischen eingezogen. Wir wollten jede Sekunde gemeinsam verbringen und unsere junge Liebe zusammen genießen. Trotzdem fühlten wir uns für diesen Schritt noch nicht bereit. So ganz offiziell zusammenzuziehen, so weit waren wir noch nicht. Aber wie hätten wir das auch sein können? So gut wie niemand wusste von uns als Paar. Also verließ Nessi ihre Brandenburger WG und mietete sich alleine eine Wohnung in Berlin. Ab und zu waren wir auch dort, aber sie war weiter von der Uni und der Arbeit weg und irgendwie waren wir dann doch die meiste Zeit bei mir. Das haben wir uns natürlich nicht eingestehen können und Nessis superschön eingerichtete Wohnung blieb die meiste Zeit unbewohnt. Leider. Also haben wir versucht, manchmal getrennt zu schlafen, aber das klappte nie wirklich gut, sodass wir abends dann doch wieder zusammen waren. Nach drei Monaten dieses sinnlosen Mietezahlens beschlossen wir endlich: Wir ziehen zusammen! Nessi würde offiziell bei mir einziehen und ihre Wohnung kündigen. Das war für uns ein riesiger Schritt (was für ein Aufwand alles leer zu räumen – aber das ist ein anderes Thema).

Meine winzige Wohnung sollte nun also für uns beide reichen. Das hatte sie ja irgendwie die ganze Zeit schon, aber dennoch war es jetzt etwas anderes: Nessi hatte sich von vielen ihrer Sachen getrennt, weil ich schon alle Möbel, Sofa etc. hatte. Aber da war sie nun: unsere

geheime Beziehung und unsere gemeinsame Wohnung. Auf fünfzig Quadratmetern haben wir großartige Monate verbracht, waren viel unterwegs, genossen die Stadtnähe, machten Spaziergänge mit Charly in der Abendsonne und waren einfach glücklich. Unsere Wohnung bestand aus einem Badezimmer, einem kleinen Flur, einer Küche, einem Wohnzimmer mit Balkon und einem kleinen Schlafzimmer. Die Wohnung war perfekt für eine Person – aber zu zweit und mit Hund war es auf Dauer dann doch ganz schön eng, also zogen wir im Sommer 2020 in eine größere Wohnung mit vier Zimmern. Das machte alles echt einfacher. Nessis Eltern dachten übrigens eine ganze Weile am Anfang, dass Nessi ihre Wohnung noch hätte – sie erzählte ihnen erst sehr viel später, dass wir zusammengezogen waren. Gut, dass ihre Eltern nicht zu Spontanbesuchen neigen! 😁

INA Laptop vergessen -.-

VANESSA Oh neeee

Doooch brauch den für Vortrag 🙈

Oh Mist!

Und Ladekabel für Handy und so, oh weh 🙈
aber meine Bankkarte und ich so habe ich, oder?

> Ich gucke warte

Oki 😊

> Ähm Schatz... wie soll ichs sagen? Alles noch hier

Alles klar 😂 ich würd sagen ich komm kurz nach der Uni und hol das ab. Weil ohne alles ist doof 😁

DAS ERSTE MAL ... MITEINANDER SCHLAFEN

Ob es mittlerweile Standard geworden ist, im Aufklärungsunterricht in der Schule über gleichgeschlechtliche Liebe und Sex zu sprechen? Bei uns und vielen, die wir kennen, war das leider nicht so. Meistens wird man dort doch nur nach dem Lehrbuch informiert – und das sieht scheinbar maximal vor, dass man nur erwähnt, dass es Schwule und Lesben gibt. Wir finden das superschade, denn was passiert dadurch? – Es bleiben soo viele Fragen offen! Und man ist einfach nur verunsichert, wenn man merkt, dass man Gedanken und Fantasien hat, die in keinen der oftmals veralteten Bücher und Lehrmaterialien vorkommen. Bei uns wurde nur über heterosexuellen Geschlechtsverkehr und die Verhütung dabei gesprochen. Wir finden es schade, dass Themen wie Trans- und Intergeschlechtlichkeit ausgelassen wurden und dass nicht darüber aufgeklärt wurde, wie LGBT*-Menschen Kinder bekommen können. Wenn nur darüber gesprochen wird, dass Männer Frauen lieben und andersherum, entsteht automatisch das Gefühl, dass das eben »normal« ist und alles andere »unnormal«. Wer bestimmt denn, was normal ist und was nicht? Nur weil man in der Minderheit ist, heißt das noch lange nicht, dass man unnormal ist! Wir finden, dass sich da noch einiges in der Aufklärung tun sollte. Und sei es nur, damit sich niemand da draußen mehr allein oder verunsichert fühlen muss.

Gerade mit der Zeit der Pubertät fängt man an, sexuelle Interessen zu entwickeln und sich mit seiner geschlechtlichen Identität auseinanderzusetzen. Und dann kommen plötzlich unbekannte Gefühle und Fragen auf. Das ist absolut okay und normal, denn es ist die Suche und der Weg zu sich selbst. Vielleicht fühlt man sich auch zu Menschen im näheren Umfeld oder Stars auf Instagram und YouTube hingezogen, die das gleiche Geschlecht haben. Wir wissen, wie sich das anfühlt. Ohne homosexuelle Vorbilder oder wenn man sogar mitbekommt, wie über Homosexuelle schlecht gesprochen wird, kann einen das verunsichern oder sogar verängstigen.
Wir hatten am meisten Angst davor, nach unserem Coming-out keinen Rückhalt mehr in der Familie zu finden. Angst ist zwar ein unschönes Gefühl, aber sie ist auch legitim, denn sie kann manchmal sogar ein Kompass sein und den Weg in die richtige Richtung zeigen. Wir sind so glücklich, dass wir den Mut gefasst haben, uns der Angst zu stellen und uns zu outen.

Viele, die das Wort Sex hören, denken an den Geschlechtsverkehr zwischen Frau und Mann – dabei ist Sex so viel mehr! Es geht vor allem darum, etwas mit sich oder dem anderen zu tun, das schöne Gefühle oder auch sexuelle Befriedigung auslöst. Das kann unterschiedliche

Gründe haben, wenn man etwa die eigene Liebe ausdrücken, Nähe und Entspannung empfinden oder Kinder bekommen möchte. Und Sex kann auf unterschiedliche Arten und Weisen passieren.

Dabei kann es auch der eigene Körper sein, den man erkundet und entdeckt, an welchen Stellen sich Berührungen am besten anfühlen, den sogenannten erogenen Zonen. Um herauszufinden, was einem beim Sex mit einem anderen Menschen gefällt, ist es nämlich super-hilfreich, sich selbst besser kennenzulernen. Über Selbstbefriedigung wird selten gesprochen, aber es ist etwas ganz Natürliches.

Inzwischen dürfte der erste Weg, wenn man sich die Frage stellt, wie das wohl so ist mit Sex zwischen Frauen und Frauen oder Männern und Männern, vermutlich ins Internet führen. (Wir zwei müssen immer alle Fragen sofort googeln, auf die wir keine Antwort wissen!) Wenn man keinen Internetzugang hat oder noch zu jung ist, dann hat man hoffentlich ganz tolle Menschen in seinem Umfeld, die man danach fragen kann. Vielleicht ältere Freund*innen oder Geschwister? Oder eine andere Vertrauensperson?

Neben hilfreichen Artikeln und Webseiten im Internet (eine Linkliste findest du auf den Seiten 184–186) stoßen manche auf der Suche nach Antworten vielleicht auch auf erotische Filme oder gar Pornos. So, wie ein klassischer Hollywoodstreifen oftmals nicht das wahre Leben abbildet, zeigen diese Filme auch eher selten die Realität. Abgesehen von den überwiegend makellosen Körpern, muss auch der dargestellte Sex im echten Leben nicht so stattfinden. Sich diese Filme als Vorbild zu nehmen und alles so zu machen, wie es dort zu sehen ist, muss also nicht der richtige Weg sein.

Dabei ist Sex zwischen hetero- und homosexuellen Menschen gar nicht so unterschiedlich, wie einige vielleicht denken. Denn beide haben ähnliche Gründe, um miteinander zu schlafen, oder tun es

auf die gleiche Art und Weise. Vielleicht wissen gleichgeschlechtliche Paare besser, was sich wie beim Gegenüber gut anfühlt, aber
am Ende ist auch hier jeder Mensch einzigartig und besonders. Das
bedeutet, dass man sich auf jeden neuen Menschen neu einstellen
und wie immer viel miteinander über das reden sollte, was einem
gefällt und was eben nicht.

Manche fragen sich jetzt vielleicht: Wie geht das denn dann mit
dem Sex? Wir möchten dich hier vor allem dazu ermuntern, dir
nicht zu viel Stress oder Druck bei dieser Frage zu machen und es
auch auf dich zukommen zu lassen. Wichtig ist vor allem, dass du
über alles sprichst und dabei immer offen und ehrlich sagst, was
du möchtest und was nicht – davor, währenddessen und danach.
Keine*r soll sich zu etwas gezwungen fühlen! Wenn es dein erstes
Mal ist, dann ist es normal, dass du dich unsicher fühlst oder Angst
davor hast, weil es etwas so Unbekanntes ist. Das darfst du deinem
Gegenüber dann auch sagen! Auch wenn du dich am Anfang vielleicht schämst oder nicht traust – zusammen findet ihr einen Weg,
bei dem ihr euch Stück für Stück gemeinsam vortastet. Und wenn
du danach merkst, dass du dich fallenlassen und deinem Gegenüber
vertrauen kannst und es etwas sehr Schönes ist, wird die Angst mit
großer Wahrscheinlichkeit von allein vergehen.
Es gibt dabei kein Richtig oder Falsch und man muss auch nicht
das machen, was man irgendwo sieht oder liest. Mach dir keinen
Druck ❤️.

Wir haben unseren eigenen Weg gefunden, der uns beiden gefällt, indem wir viel gesprochen, uns rangetastet und uns viel Zeit
genommen haben. Mittlerweile wissen wir also, was der anderen
gefällt.

MUT STEHT AM ANFANG DES HANDELNS, GLÜCK AM ENDE.

Demokrit

JETZT MAL KLARTEXT:

VERSCHIEDENE BEZIEHUNGSFORMEN

In Deutschland leben die meisten Menschen in einer mono-
gamen Beziehung. Das bedeutet, dass sie nur mit einer
Person eine Liebesbeziehung führen. Darüber hinaus gibt
es Pärchen, die in einer offenen Beziehung leben, bei der
sie zwar nur mit einem*r Partner*in eine Liebesbeziehung
führen, aber die Möglichkeit haben, mit anderen Menschen
intimen Körperkontakt und Sex zu haben. Eine weitere
Form von Beziehung nennt sich Polyamorie. Polyamore
Menschen führen dabei mehrere Liebesbeziehungen, die
sie offen miteinander kommunizieren.

TYPISCH KLISCHEE!?

Wenn man sich geoutet hat, kann es leider passieren, dass man von manchen Menschen mit anderen Augen gesehen wird. Und manchmal zeigt sich das auch direkt beim Coming-out. »Was? Du siehst gar nicht aus wie eine Lesbe!« könnte so ein Vorurteil sein. Die Nachricht hat anscheinend noch nicht alle erreicht, aber Fakt ist: Jeder Mensch darf sich so anziehen, stylen und geben, wie sich das für ihn oder sie gut anfühlt! Ja, es gibt Klischees in der Szene. Man hört von lesbischen Handwerker*innen mit Kurzhaarfrisuren oder schwulen Flugbegleiter*innen, die sich einen Lidstrich ziehen. Das muss nicht auf alle zutreffen, kann aber. Jede*r sucht sich selbst aus, mit welchem Etikett er oder sie sich wohlfühlt. Und das unterstreicht am Ende doch, wie einzigartig wir alle sind.

INSIDER-INFO

Wir wollen 2021 heiraten – und zwar ganz klassisch: beide in einem weißen Kleid!

26 % ALLER FRAUEN IN DEUTSCHLAND HABEN SCHON MAL EINE ANDERE FRAU GEKÜSST – DAS WAR IM JAHR 2015. BEI DEN MÄNNERN WAREN ES 8 %, DIE SCHON EINMAL EINEN ANDEREN MANN GEKÜSST HABEN. AUSSERDEM SAGTEN JEWEILS 13 %, DASS SIE SCHON MAL SEX MIT EINER PERSON DES GLEICHEN GESCHLECHTS HATTEN.

MEIN BEICHTSTUHL

Was würdest du gerne sagen, wenn du keine
Konsequenz befürchten müsstest?

....

....

....

....

....

....

....

....

....

....

....

JETZT WIRD'S BUNT!

Sei in den Farben so vielfältig, wie wir Menschen es sind!

UNSERE ZUKUNFT

Immer wieder werden wir gefragt, wann wir uns das erste Mal über Ehe und Hochzeit unterhalten haben. Das ist recht einfach zu beantworten, denn das war auch mal wieder bei WhatsApp, und zwar am 20. Juli 2016. Und ja, da waren wir noch nicht zusammen! Allerdings haben wir uns damals abends sehr gerne gegenseitig lange Texte geschrieben.

Nessi schrieb dort zum Beispiel: »Wärst du ein Typ, würde ich dich direkt heiraten.« Schon daraus kann man wohl lesen, wie besonders unser Verhältnis zueinander war. Bis wir schlussendlich zusammenkamen, sagten wir uns freundschaftlich »Ich liebe dich« – obwohl wir ja eigentlich schon ineinander verliebt waren, es nur jeweils von der anderen nicht wussten.

Nachdem wir dann frisch zusammen waren, haben wir uns über alles Mögliche Gedanken gemacht – nur nicht über Hochzeit, Ehe oder Kinder. Aber mit der Zeit keimte dann doch der Gedanke der Familiengründung in uns auf und wir stellten beide fest, dass wir heiraten wollen. Richtig darüber gesprochen haben wir allerdings erst 2019 – denn da fingen wir an, über unsere gemeinsame Zukunft zu sprechen.

Wenn uns jemand fragte, wie wir uns unser Leben vorstellten, antworteten wir: »Wir möchten verheiratet sein, zwei Kinder haben, in einem schönen Haus mit Hund und Katze leben.« Vielleicht finden das manche Menschen seltsam, aber so stellen wir uns unser Traumleben wirklich vor. Und seitdem wir das wissen, arbeiten wir darauf hin.

Unser nächster großer Schritt war daher die Verlobung am 15. Juni 2019, nach knapp drei Jahren Beziehung. Wir machten uns am gleichen Tag gegenseitig einen Antrag und wussten jeweils im Vorfeld nichts davon – dank Nessis Schwester Laura, der wir unabhängig voneinander von unserem Vorhaben erzählt hatten. Sie hat uns dann jeweils bei der Organisation und Planung unterstützt und – natürlich nicht ganz zufällig – den gleichen Tag vorgeschlagen. Und so kam es, dass Ina ihren Antrag am 15. Juni vormittags und Nessi ihren Antrag abends machte.

· · · · 🩷 · · · ·

Ina

Weißt du eigentlich, wie schwer es ist, die richtige Ringgröße für seine Freundin herauszufinden? Kleiner Tipp: Es ist *sehr* schwer – vor allem, wenn sie eigentlich nie Ringe trägt. Aber man selbst weiß, dass er passen muss, weil man einen Verlobungsring schließlich täglich trägt. Ich hatte also auf diversen Internetseiten recherchiert und fand auch eine, auf der Schritt für Schritt erklärt wurde, wie man die Ringgröße ermitteln kann. Ich stand aber immer noch vor einem, also dem großen, Problem: Wie mache ich das, ohne dass sie es mitbekommt? Es musste heimlich passieren. Ich beschloss daher, mithilfe einer Schablone aus Papier nachts die richtige Ringgröße herauszufinden. Ich legte mir die Schablone unter das Kopfkissen. Als Nessi endlich schlief, schaltete ich die Taschenlampe vom Handy an und bewegte Nessis Hand möglichst vorsichtig. Sie machte dabei immer Geräusche, als würde sie gleich aufwachen. Spannung pur. Dann legte ich ihr die Schablone um den Finger. Puh. Ringgröße 55! Ich hatte es! Somit konnte ich am nächsten Tag entscheiden, welcher Ring es werden sollte. Ich war der Meinung, ich hatte das superprofessionell ausgemessen (Spoiler: Eine Nummer kleiner war die richtige, habe mich natürlich vermessen …).

Nach einem ausgiebigen Nachrichtenaustausch – auch mit Nessis Schwester Laura – hatte ich den richtigen Ring dann ausgesucht. Laura hat mich in dieser Zeit so viel beraten wie auch Lisa. Laura trat superselbstsicher auf und vermittelte mir das Gefühl, dass sie sich mit Verlobungen gut auskenne und wisse, was zu tun sei. Deswegen ließ ich mich auch ein wenig von ihr lenken. Ich wusste, dass Nessi etwas Außergewöhnliches wollte, daher sollte der Heiratsantrag unvergesslich werden, er sollte sie umhauen. Ich hab hin und her überlegt und dann hatte ich *die* Idee.

Mein bester Freund half mir und rief bei allen möglichen Anbietern an – dann hatten wir es: ein Privatkino. Ich wollte ein Kino für uns mieten, einen Film schneiden, diesen abspielen, alles romantisch dekorieren und dann fragen, ob sie mich heiraten möchte. Bei dem Gedanken wird mir direkt wieder ganz warm. Die ganze Zeit begleitete mich Aufregung und die Angst, dass sie Nein sagen könnte oder es ihr so nicht gefallen könnte oder etwas schiefgehen könnte … Na, du merkst schon, so ein Antrag ist ganz schön wild. Ich legte mich dann auf den 15. Juni fest und gab sowohl Lisa und Laura als auch meinem besten Freund Bescheid, dass sie sich diesen Tag freihalten sollten. Ich hatte ursprünglich kurz darüber nachgedacht, noch mehr Familie dazu einzuladen, aber ich hatte zu große Angst, dass ich dann kein Wort mehr herausbekommen würde.

Mein bester Freund schnitt den Film zusammen – mit Kinderbildern, einigen unserer romantischen Momente –, und die Familie nahm noch kurze Videos auf, die wir auch einfügten (ganz großartig wieder von Laura koordiniert!). Lisa bereitete eine perfekte Torte zu – sie ist einfach so gut darin, ehrlich. Diese Torte sah absolut bezaubernd aus und schmeckte fantastisch. Laura hatte die Aufgabe, Nessi unter dem Vorwand ins Kino zu locken, dass sie dort gemeinsam ein Fotoshooting für den Geburtstag von ihrem Stiefpapa machen würden. Die beiden kamen eine Stunde zu spät, weil sie für Nessis rotes Kleid noch einen rückenfreien BH kaufen mussten und sich auf dem Weg noch verfahren hatten. Dadurch hatten wir anderen vor Ort zum Glück genug Zeit zum Vorbereiten. Als die beiden angekommen waren, wurden sie in den Vorführungsraum gelotst und ich versteckte mich hinter einem Vorhang in einem Nebenraum. Als das Video dann lief, kam ich raus, um ihr die eine Frage zu stellen. Und sie sagte: »Ja!« Das war einfach der schönste Tag meines Lebens, der jedoch noch lange nicht zu Ende sein sollte ...

Denn zu diesem Zeitpunkt wusste ich nicht, dass Nessi mit den anderen zusammen ebenfalls einen Antrag geplant hatte. Sie entschied sich nach meinem Antrag dazu, mir auch weiterhin einen Antrag machen zu wollen, und so erzählten mir alle, wir würden noch zum Alexanderplatz fahren, um auch dort Fotos zu schießen, dieses Mal von uns zusammen. Das erschien mir plausibel und ich ahnte wirklich nicht, was jetzt Perfektes auf mich zukommen sollte.

Ich wurde auf eine Schnitzeljagd geschickt, von der ich dachte, dass Nessi sie auch machen müsste, weil man uns aufteilte. Aber sie richtete stattdessen ein Hotelzimmer her und bekam dabei Hilfe von den anderen. Ich hingegen lief (in High Heels) zusammen mit meinem besten Freund auf der Suche nach Hinweisen über den Alex. Der letzte Hinweis führte uns dann in das oberste Stockwerk eines Hotels. Und dort habe ich die Welt erst einmal nicht verstanden. Oh Mann, waren das viele Emotionen …

So, dann kommen wir mal zu meinem Antrag. Ich hatte eine Übernachtung vom 15. auf den 16. Juni in einem Hotel am Alexanderplatz gebucht – extra ein Zimmer mit Panoramaaussicht, damit wir den Blick über den gesamten Alexanderplatz würden genießen können. Anschließend legte ich mit Rosenblättern und unechten Kerzen ein »Will u marry me?« auf dem Boden aus. Ja, und das war er: Mein perfekter Antrag, mit dem ich Ina überzeugen wollte, mich zu heiraten. Ich wusste, dass wir ein wenig Vorbereitungszeit hatten, da wir sie auf die ausgedachte Schnitzeljagd geschickt hatten. Ihr wurden dabei Fragen über mich gestellt und wir hatten ihr gesagt, wir würden nur zueinanderfinden, wenn sie diese richtig beantworten würde. Sie dachte allerdings, dass ich das Gleiche machte und ebenfalls Fragen über sie beantwortete, um dann letztlich beim Fotoshooting zusammenzukommen. Das

Shooting war jedoch auch nur ein Vorwand von mir gewesen. Um ehrlich zu sein brauchte ich auch ein wenig Zeit, um zu verschnaufen. Ich war wirklich superaufgeregt.

Das Ende kennst du ja bereits: Sie sagte »Ja« – mir fiel so ein Stein vom Herzen! Das war schlimmer als jede Prüfung, die ich jemals hatte bestehen müssen. Ich war so unglaublich aufgeregt und war froh, als ich es dann hinter mir hatte – und nach diesem Vormittag hätte sie ja schlecht etwas anderes sagen können. (Übrigens vergaß ich währenddessen noch den halben Text, den ich eigentlich hatte sagen wollen. Aber das, was ich über die Lippen brachte, hat wohl ausgereicht.)

. . . . ♥ . . . .

Ina

Natürlich sagte ich »Ja« – ich hatte ihr schließlich einige Stunden zuvor dieselbe Frage gestellt. Und der nächste Schritt nach der Verlobung? Natürlich die Hochzeit! Wir stiegen also sofort ganz tief in die Hochzeitsplanung ein und klärten einige Eckpunkte ab. Wir planen also gerade unsere Hochzeit für Sommer 2021.

Um die übliche Frage einmal vorwegzunehmen: Ja, wir werden beide Kleider tragen und haben sie sogar schon ausgesucht. Wir haben sogar jeweils zwei Kleider: eins für das Standesamt an einem Tag und eins für die freie Trauung am nächsten Tag. Am zweiten Tag wird auch richtig groß gefeiert. Es wird sicherlich sehr aufregend, wenn die Familien das erste Mal so richtig zusammenkommen und alle unseretwegen da sein werden. Ich bin besonders happy darüber, dass meine

Oma den Tag hoffentlich miterleben kann. Sie ist Jahrgang 1934 und somit schon 87 Jahre alt. Ich hab sie sehr lieb und sie hat immer mehr verstanden, wie unsere Liebe zueinander ist. Als ich sie einmal fragte, wieso sie denn schließlich ihren Mann geheiratet hatte, lautete ihre Antwort: »Na, weil wir uns geliebt haben.« Daraufhin habe ich ihr erklärt, dass es eben bei uns nicht anders ist. Mein Opa weilt inzwischen leider nicht mehr unter uns, aber sie kann sich gut an ihre glückliche Zeit mit ihm erinnern. Für uns ist es etwas sehr Besonderes, sie dabei zu haben, und sie bekommt einen Ehrenplatz.

Den Ort für unsere Hochzeit haben wir auch schon, er ist ganz märchenhaft – mit einer großen Einfahrt und einem See hinter dem Schloss-Gebäude-Haus. Ja, okay, es ist »nur« ein Haus, aber es kommt uns vor, als wäre es das größte und schönste Schloss überhaupt. Für uns ist es einfach der perfekte Ort. Die Inneneinrichtung ist etwas altmodisch und an den Decken hängen große Kronleuchter. Wir werden dort mit einigen Freund*innen auch übernachten. Wir freuen uns so riesig drauf! Einzig die aktuelle pandemische Lage könnte uns einen Strich durch die Rechnung machen. Wir schreiben dieses Buch Ende 2020 – dem Jahr, in dem das Corona-Virus viele große Pläne zunichte machte. Wir wollen ja auch ausgelassen feiern, ohne dass jemandem etwas passiert. Deswegen haben wir uns nun dafür entschieden, im Juni 2021 erst einmal standesamtlich zu heiraten. Falls die große Feier mit unseren Liebsten, die wir im August geplant haben, verschoben wird, ist es dann nicht ganz so schlimm. Denn aufgeschoben ist ja nicht aufgehoben! Wir haben übrigens länger darüber nachgedacht, wie wir das mit den Nachnamen machen, und uns beide dazu entschieden, dass ich Nessis Nachnamen annehme. Es steht also entsprechend noch in den Sternen, ob die Feier im Sommer so klappt, wie wir uns sie ausgemalt haben. Aber wenn, dann werden wir dich natürlich auf unseren Social-Media-Kanälen entsprechend mitnehmen und mit vielen Einblicken versorgen. Momentan fehlt aber noch die Torte, die Frisur, die Schuhe, die exakte Deko … Es gibt also noch einiges zu tun.

. . . . ♥ . . . .

Eines steht für uns fest: Wir wollen das ganze Leben miteinander verbringen. Wir haben uns nicht gesucht, sondern gefunden – und daran soll sich auch nichts ändern. Die gemeinsame Zeit war geprägt von vielen Höhen und Tiefen, die uns nicht auseinanderbringen konnten, sondern uns zusammengehalten haben, egal wie schwer die Situation war.

Seit wir uns getraut haben und den Schritt gegangen sind, öffentlich über unsere Beziehung zu sprechen, wollen wir, dass es allen Menschen möglich ist, ihre Liebe zu zeigen. Wenn Menschen sich lieben, dann sollte es ihnen nicht verboten sein, sich zu zeigen. Ihnen sollten die gleichen Rechte zustehen wie allen anderen auch.

Das bringt uns zu einem anderen Thema: Fragst du dich, wie es nach der Hochzeit aussieht? Meist geht es dann ja sogleich an die Familienplanung und wirklich anders sieht es bei uns auch nicht aus. Klar, es kann kein Überraschungskind werden, sondern wir müssen dafür zuerst viel planen, aber das macht uns nichts aus. Denn wir wollen ein Kind! Ob wir uns eher ein Mädchen oder einen Jungen wünschen, haben wir uns ehrlicherweise erst selbst gefragt, nachdem uns die Frage aus der Community öfter gestellt wurde. Wir haben immer gesagt: »Hauptsache gesund.« Nachdem wir uns aber öffentlich dazu ein paar mehr Gedanken gemacht hatten, fielen uns einige verletzende Kommentare auf unseren Plattformen auf, die wir uns zuerst zu Herzen nahmen. »Ein Junge hat es schwer bei zwei Müttern«, »Sicher, dass ihr Kinder wollt?«, »Zwei Mütter ... 😱« usw. Das hat uns an der einen oder anderen Stelle sehr getroffen. Wir fragten uns also: Sollten wir wirklich Kinder haben? Kamen aber zu einer einzigen Antwort: Wieso nicht?

Es gibt so viele Familienformen und alle aufzuzählen wäre unmöglich. Es steht aber fest, dass eine Familie nicht aus Mutter, Vater, Kind eins und Kind zwei bestehen muss, sondern auch ganz anders sein kann. Es geht doch schließlich darum, geliebt zu werden und sich geborgen zu fühlen! Wir sind eine Familie, momentan bestehend aus Nessi, Ina und Charly, plus noch weitere Familienmitglieder. Und irgendwann dann hoffentlich auch ein, zwei oder drei Kinder! Wir können und wollen uns hier noch nicht festlegen, mit welcher Methode es sein wird, denn bis dahin wird es noch etwas dauern. Wir wollen uns diese Zeit einfach nehmen. Alles andere lassen wir auf uns zukommen. Aber sei dir gewiss: Die Community ist wie eine zweite Familie für uns und wir werden alle daran teilhaben lassen. Es ist nicht selbstverständlich, diese Menge an Menschen hinter sich zu wissen, und dafür werden wir auf ewig dankbar sein – also danke an Team-Bubu!

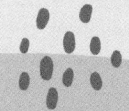

WER SEINEN
EIGENEN WERT
KENNT, KANN ÜBER
DAS GELASSEN
SEIN, WAS ANDERE
ÜBER IHN REDEN
UND DENKEN.

Asiatische Lebensweisheit

JETZT MAL KLARTEXT:

»JA, ICH WILL!« FÜR ALLE!

Jahrzehntelang wurde um die Gleichberechtigung gleich-
geschlechtlich liebender Menschen gekämpft und leider hält
dieser Kampf bis heute an. Doch es gibt auch Erfolge:

● In Deutschland waren noch bis 1994 sexuelle Handlungen
zwischen männlichen Personen verboten und konnten bestraft
werden. Der bis dahin mehr als einhundert Jahre alte Paragraf
wurde am 11. Juni 1994 offiziell gestrichen.

● 2001 wurde das Lebenspartnerschaftsgesetz erlassen. Gleichgeschlechtliche Paare konnten dadurch eine Lebenspartnerschaft
begründen. Im Großen und Ganzen kam das einer Ehe gleich,
jedoch gab es einige rechtliche Unterschiede. Eine gemeinschaft-
liche Adoption war beispielsweise unmöglich.

● Der 30. Juni 2017 ist ein Meilenstein in der Geschichte der
Homosexualität in Deutschland. An diesem Tag wurde sie endlich gesetzlich beschlossen: die »Ehe für alle«. Partner*innen,
die in einer eingetragenen Lebenspartnerschaft leben, können
nun diese freiwillig in eine Ehe umwandeln lassen.

INSIDER-INFO

Nach unserer Hochzeit wollen wir mit der Babyplanung
starten und hoffen, dass es nicht allzu lange dauert. Das
kann nämlich schnell gehen oder auch mehrere Jahre
dauern. Vanessa möchte unser Baby austragen. Wir haben uns sogar
jetzt schon richtig schöne Namen überlegt – aber die verraten wir
erst später, wenn es so weit ist.

ALS GLEICHGESCHLECHTLICHES PAAR
EIN KIND BEKOMMEN

Seit der »Ehe für alle« können gleichgeschlechtliche, verheiratete Paare ein Kind gemeinschaftlich adoptieren. Eine Sache hat sich jedoch nicht geändert, und das ist das Abstammungsrecht. Kinder aus heterosexuellen Partnerschaften haben automatisch bei ihrer Geburt zwei rechtliche Elternteile: eine Mutter und einen Vater. Bringt dagegen eine lesbische, verheiratete Frau dank einer Samenspende ein Kind zur Welt, dann ist sie als biologische Mutter der einzige rechtliche Elternteil und ihre Ehefrau muss das Kind adoptieren. Das nennt man Stiefkindadoption.

Schwule und lesbische Paare haben außerdem die Möglichkeit, ein fremdes Kind zu adoptieren oder ein Pflegekind aufzunehmen.

ENDE 2019 GAB ES IN DEUTSCHLAND CA. 142.000 GLEICHGE-SCHLECHTLICHE PAARE, DARUNTER CIRCA 34.000 EINGETRAGENE LEBENS-PARTNERSCHAFTEN UND 52.000 GLEICHGE-SCHLECHTLICHE EHEN.

BISEXUELLE MÄNNER IN EUROPA HABEN IM VERGLEICH ZU ANDEREN LGBT*-MENSCHEN AM HÄUFIGSTEN EINE EIGENE FAMILIE MIT KINDERN. IN EINER UMFRAGE GIBT EIN DRITTEL DER BEFRAGTEN BISEXUELLEN AN, GEMEINSAM MIT DEM*DER LEBENS-GEFÄHRT*IN EIN KIND ZU ERZIEHEN.

SEIT 2020 IST DIE »EHE FÜR ALLE« IN SECHZEHN EUROPÄISCHEN STAATEN MÖGLICH. AUSSERHALB DER EU IST SIE IN ZWÖLF LÄNDERN MÖGLICH.

BUNT IN LECKER!

Back dir deinen Regenbogen doch einfach selbst!
Mit diesen farbenfrohen Baisers machst du dir und deinen
Liebsten sicher eine Freude.

ZUTATEN:

4 Eier

200 g Zucker

*Lebensmittelfarbe in
Gelb, Blau und Rot*

*Mini-Marshmallows
zum Dekorieren*

TIPP: Wenn du keinen Spritzbeutel hast, kannst du auch Folgendes machen: Vermische die drei Farben etwas miteinander und gib die Masse mit einem Esslöffel in einer typischen Regenbogenform direkt auf das Blech.

ZUBEREITUNG:

1 Belege ein Backblech mit Backpapier und stelle deinen Ofen auf 110 Grad Ober-/Unterhitze.

2 Schlage die Eier auf und trenne sie ganz sorgfältig in Eiweiß und Eigelb (das Eigelb benötigst du für dieses Rezept nicht mehr).

3 Nimm nun den Mixer in die Hand und schlage das Eiweiß in einer hohen Schüssel so lange, bis es schaumig und steif geworden ist.

4 Lasse dann unter Rühren den Zucker nach und nach einrieseln und mixe so lange, bis sich die Zuckerkristalle aufgelöst haben.

5 Die feste Masse verteilst du nun auf drei Schüsseln. Gib in jede Schüssel eine Lebensmittelfarbe. Verwende nur ganz wenig von der Farbe und rühre sie unter.

6 Nimm einen Spritzbeutel zur Hand und gib dort mit einem Löffel abwechselnd die eingefärbten Eiweißmischungen hinein.

7 Spritze nun kleine Häufchen mit kreisförmiger Bewegung auf das Backblech.

8 Schiebe das Blech zum Trocknen für ungefähr 90 Minuten in den Ofen.

9 Hole deine Regenbogen-Baisers aus dem Ofen und lasse sie noch mindestens eine halbe Stunde abkühlen, bevor du deinen bunten Zuckertraum probierst! Wenn du magst, kannst du sie noch mit Mini-Marshmallows dekorieren.

DIE COOLSTEN LGBT*-FILME UND -SERIEN

Das Thema LGBT* wird in immer mehr Filmen und Serien sichtbar oder ist sogar der Schwerpunkt. Vor allem in Medien, die sich an Jugendliche richten, sieht man das immer häufiger. Das finden wir super, weil dadurch Vorurteile abgebaut werden können. Wir haben ein paar Filme und Serien aufgelistet und auf den freien Feldern kannst du noch welche ergänzen.

FILME:

● Love, Simon

● Blau ist eine warme Farbe

● Call Me by Your Name

● The Danish Girl

● ....

● ....

● ....

● ....

● ....

SERIEN MIT LGBT*-CHARAKTEREN IN DEN HAUPTROLLEN:

- The L Word
- Orange Is the New Black
- Queer Eye
- Stadtgeschichten
- Transparent
- ....
- ....
- ....

SERIEN MIT LGBT*-CHARAKTEREN IN DEN NEBENROLLEN:

- Élite
- Grey's Anatomy
- Riverdale
- Sex Education
- Vampire Diaries (7. Staffel)
- ....
- ....
- ....

EIN PAAR ABSCHLIEßENDE WORTE

Auch wir waren nicht schon immer an diesem Punkt, an dem wir jetzt sind. Wir denken, diese Seiten haben dir gezeigt, dass uns all das mit uns nicht leicht fiel. Auch wir wussten nicht, wie wir darüber reden sollten, und vor allem wussten wir nicht, wie wir damit umgehen sollten. Wenn es dir auch so geht, ist das völlig normal. Du zerbrichst dir den Kopf über die vermeintlich richtigen Worte, darüber, wieso es genau dir so ergeht und wie deine Zukunft aussieht.

All das sind völlig normale Fragen – völlig unabhängig von deinem Alter. Wir haben für uns gemerkt, dass dieses Versteckspiel wahnsinnig schwer ist und an vielen Stellen auch sehr wehtun kann – nicht nur uns, sondern auch den Menschen in unserem Umfeld. Es wird immer diese Momente geben, in denen man sich outen »muss«, aber mit der Zeit wird es leichter und leichter. Versprochen! Und das Gefühl, es endlich gesagt zu haben, zu wissen, dass es endlich raus ist, ist einfach atemberaubend. Es gibt kaum etwas, das sich ähnlich befreiend anfühlt ... diese Freiheit, keine Last mehr auf den Schultern zu haben. Denn es tut (vor allem auf Dauer) nicht gut, den Fragen ausweichen oder gar Lügen erfinden zu müssen (wir sind nicht immer mit gutem Beispiel oder der Wahrheit vorangegangen). Du selbst kannst der Welt zeigen, wer du bist. Dein ICH soll nach außen strahlen und du solltest dich nicht dafür fertigmachen, wenn etwas an dir »anders« ist, als du es bei anderen wahrnimmst – egal was es ist, sei es die Sexualität oder eine bestimmte Charaktereigenschaft. Du bist so, wie du bist, und dafür musst du dich niemals schämen, du musst dich nicht verstecken oder dich von anderen schlecht behandeln lassen!

Es ist auch völlig in Ordnung, wenn du dich noch nicht dazu bereit fühlst, über deine Gefühle zu sprechen, und dir erst mal Zeit lassen möchtest. Du allein wirst wissen, wann der richtige Zeitpunkt für dich gekommen ist. Und keinesfalls soll dich dieses Buch unter Druck setzen! In erster Linie soll es dir gut gehen und du sollst mit deinen Entscheidungen zufrieden sein. Dabei steht immer deine eigene Sicherheit im Vordergrund. Leider gibt es noch nicht überall diese Offenheit und Akzeptanz gegenüber »anderen« Sexualitäten. Solltest du dich also in einer solchen Lage befinden, steht deine eigene Sicherheit immer im Vordergrund. Du kannst es auch erst einmal deiner engsten vertrauten Person sagen, bevor du es deiner ganzen Gruppe sagst oder all deinen Kolleg*innen. Du bestimmst das Tempo. Du wirst mit jedem Mal merken, wie viel leichter es wird – bis du irgendwann völlig offen damit umgehen kannst. Wir sind jedenfalls stolz auf dich. Sei du es bitte auch.

Wir wünschen uns für die Zukunft aus tiefstem Herzen, dass wir irgendwann in einer Welt mit völliger Akzeptanz leben können. Wir wünschen uns, dass die verschiedenen Sexualitäten an Schulen behandelt werden und dass die Charaktere in Serien und Filmen überdacht werden. Wir wünschen uns, dass die Menschen nach uns es leichter haben als wir oder als andere, die mit dem Coming-out Probleme hatten oder sich gar nicht outen »durften«. Wenn du zu denen gehörst, die es nicht so leicht haben, dann lass bitte den Kopf nicht hängen und gib nicht auf! Falls doch mal jemand etwas gegen dich haben sollte aufgrund bestimmter Eigenschaften oder gar aufgrund deiner Sexualität, dann passen diese Menschen nicht zu dir! Du musst dich nicht in Schubladen stecken oder dir gar Stereotypen zuordnen lassen. Du bist, wer du bist, du kannst tragen, was du willst, und sein, wer du willst, solange du damit niemandem schadest.

Wir haben einen Weg gefunden, mit dem Hass umzugehen: Wir zeigen uns jetzt erst recht. Aber auch wir denken dabei immer an unsere Sicherheit. Beim Reisen hilft da beispielsweise der Gay-Travel-Index oder die ILGA-Weltkarte, die beide aufzeigen, dass es nicht überall legal ist, homosexuell zu sein – diese Länder meiden wir dementsprechend (mehr dazu auf Seite 182/183). Wir hoffen dennoch, dass es mit der fortschreitenden Aufklärung über diese Themen in vielen Ländern und Gebieten immer mehr Akzeptanz geben wird.

Unsere Mission und unser Wunsch ist es, mit unseren Social-Media-Kanälen und diesem Buch einen Mehrwert zu bieten, damit in Zukunft kein LGBT*-Mensch mehr diskriminiert wird. Wir würden uns freuen, wenn unser Buch auch in den Schulen gelesen und verbreitet wird. Vielleicht gehen wir ja irgendwann auch mal auf eine Art Schultour, um jedem dort von unserer Geschichte zu erzählen.

Die letzten Worte in diesem Buch wollen wir an unsere Community richten: an jede*n einzelne*n da draußen, die*der uns auf dieser Reise begleitet hat. Wir sind dankbar, dass ihr uns alle so unterstützt, dass ihr uns Nachrichten sendet und uns die schönsten Geschichten über euer Leben erzählt. Unser Leben begann zuerst nur mit uns beiden und in unseren eigenen vier Wänden, aber inzwischen sind wir eine riesige Familie geworden! Wenn es doch einmal vorkommt, dass unter den Beiträgen, Videos oder anderen unserer Publikationen negative Worte fallen, seid ihr immer die Ersten, die uns unterstützen und verteidigen. Wir sagen an dieser Stelle wirklich und von ganzem Herzen D A N K E! Zu Beginn unserer Reise wussten wir nicht, dass sie einmal so groß werden würde und dass es uns eines Tages erlaubt sein würde, so viele Menschen zu erreichen. Hört bitte nicht auf, euch untereinander kennenzulernen und füreinander da zu sein. Uns haben schon so viele herzerwärmende Geschichten erreicht, wie ihr Freundschaften geschlossen habt oder sogar mehr draus geworden ist. Es ist toll, wenn ihr euch vernetzt und euch austauscht. Wir werden auch weiterhin versuchen, möglichst viele Menschen zu erreichen, denn: Ihr habt uns eine Mission gegeben! Wir hoffen, dass du schon bald von uns hören wirst:

WIR SIND VANESSA UND INA UND WIR SIND VERHEIRATET!

Denk daran: Mach das, was *dich* glücklich macht!

Dicke Umarmung

deine Nessi und Ina

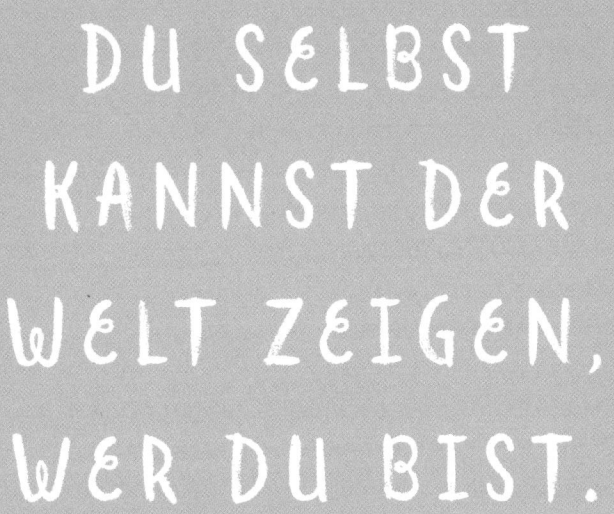

DU SELBST KANNST DER WELT ZEIGEN, WER DU BIST.

JETZT MAL KLARTEXT:

AB IN DEN SÜDEN?

Als homosexuelles Pärchen alle Länder dieser Welt bereisen? Zum Glück kann man sich in vielen Ländern offen zeigen, doch leider gibt es einige Länder, in denen homosexuelle Menschen diskriminiert werden oder sogar mit einer Strafe rechnen müssen. Der weltweite Dachverband der LGBT*-Organisationen ILGA (*International Lesbian, Gay, Bisexual, Trans and Intersex Association*) berichtet jährlich darüber, wie die rechtliche Situation in den UN-Mitgliedsstaaten aussieht. In 59 Ländern ist Sex zwischen gleichgeschlechtlichen Erwachsenen verboten und kann strafrechtlich verfolgt werden. In Ägypten erhält man dafür zum Beispiel Gefängnisstrafen. In sechs Staaten droht sogar die Todesstrafe: im Iran, im Jemen, in Nigeria, in Saudi-Arabien, in Somalia und im Sudan. Die Todesstrafe ist in der Theorie auch noch in fünf weiteren Staaten möglich. Du solltest dich also vor deiner Reise unbedingt informieren!

STATE-MENT

Wir würden niemals in Länder reisen, in denen LGBT*-Menschen diskriminiert oder strafrechtlich verfolgt werden. Denn mit jeder Reise unterstützt du diese Länder indirekt und unfreiwillig.

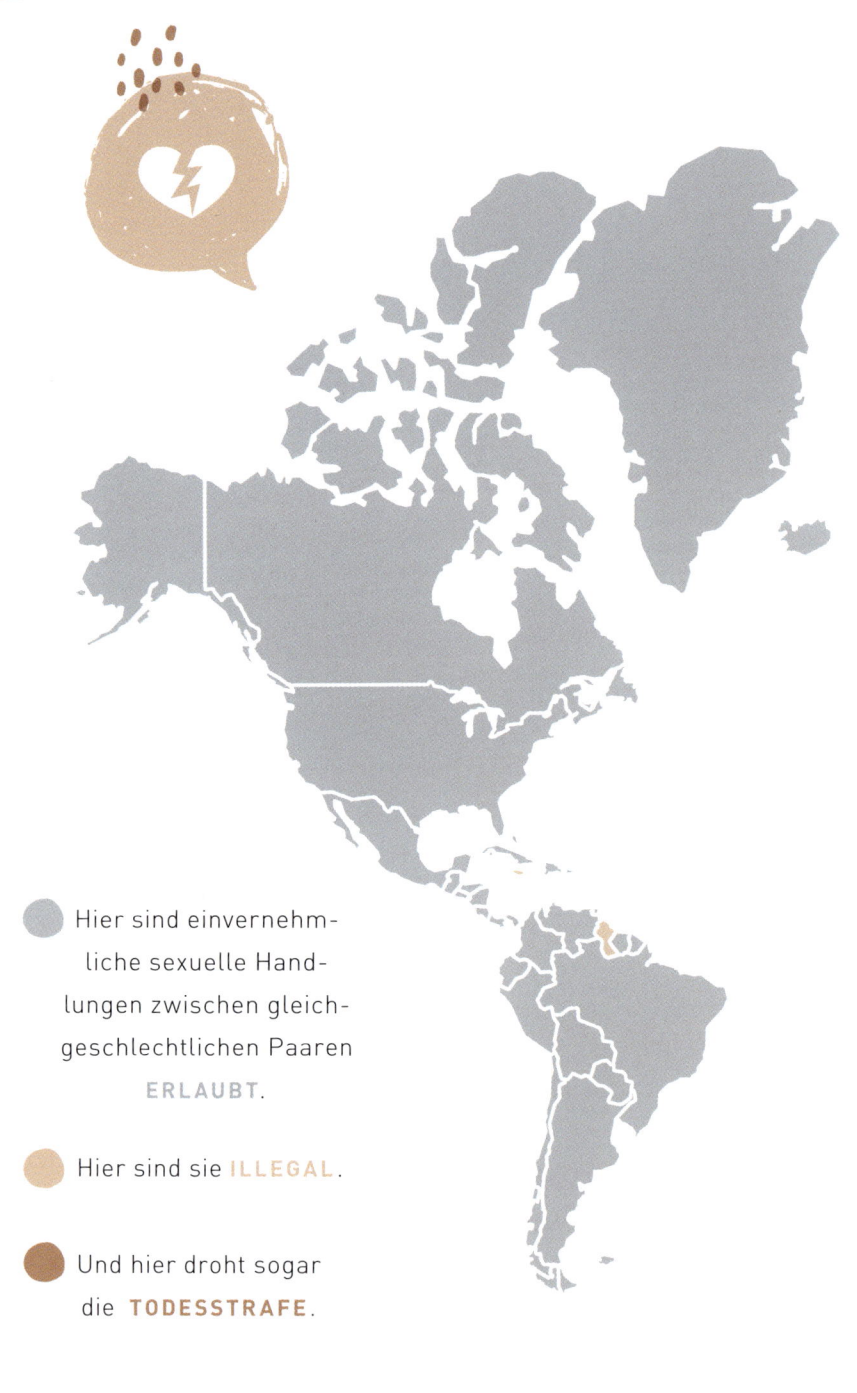

Hier sind einvernehm-
liche sexuelle Hand-
lungen zwischen gleich-
geschlechtlichen Paaren
ERLAUBT.

Hier sind sie ILLEGAL.

Und hier droht sogar
die TODESSTRAFE.

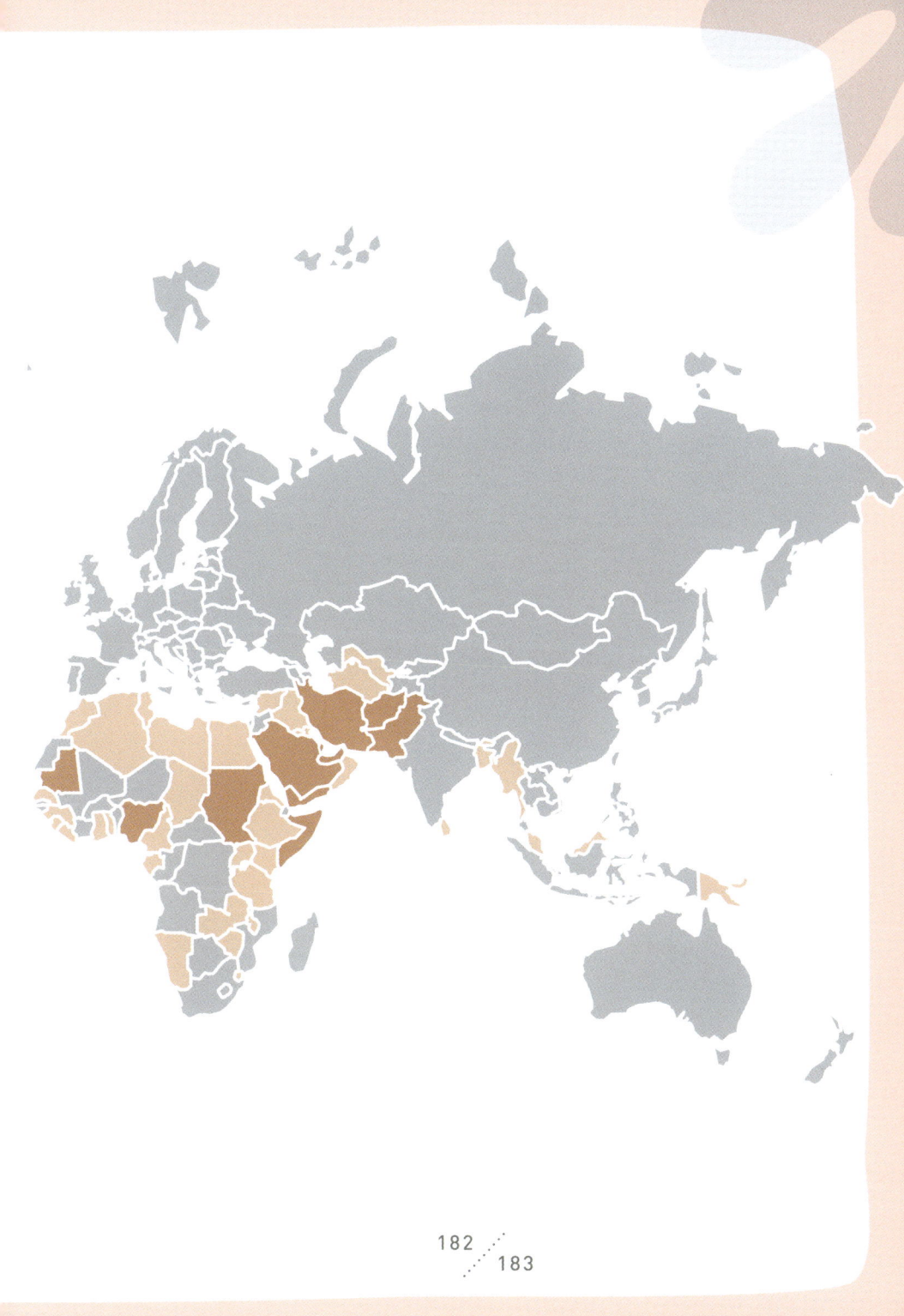

ANLAUFSTELLEN:
INFOS UND BERATUNG

Die nachfolgende Liste kann dich darin unterstützen, erste Anlaufstellen zu finden und Informationen zu bekommen, sie ist jedoch
unvollständig. Erkundige dich in deinem Wohnort, ob es dort Einrich-
tungen oder Treffen gibt, bei denen du dich gut aufgehoben fühlst.

INFOS

Aufklärung und Beratung von der Kampagne der
Bundeszentrale für gesundheitliche Aufklärung:
https://www.liebesleben.de/fuer-alle

Gender-Dings:
https://genderdings.de/

Queer-Lexikon:
https://queer-lexikon.net/

Lesben- und Schwulenverband:
https://www.lsvd.de/de/

Verein/Selbsthilfeorganisation für Transgender,
Angehörige und Interessierte:
https://gendertreff.de

Verein Intersexuelle Menschen e. V.:
https://im-ev.de/

BERATUNG

Informationen und Anlaufstellen vom Bundesministerium
für Familie, Senioren, Frauen und Jugend:
https://www.regenbogenportal.de/

Schwule Online-Community »Du bist nicht allein!«:
https://www.dbna.com/

Beratung bei Diskriminierung bei der
Antidiskriminierungsstelle:
https://www.antidiskriminierungsstelle.de

Jugendnetzwerk LAMBDA, Jugendzentrum in Berlin:
https://www.lambda-bb.de/

Jugendzentrum für Schwule und Lesben in Köln:
http://www.anyway-koeln.de/

Beratungsstelle Pro Familia:
https://www.profamilia.de/themen/sexualitaet-und-
partnerschaft/sexuelle-orientierung-und-sexuelle-identitaet

Telefonische Beratung für Menschen, die Hilfe bei der
Auseinandersetzung mit ihrer sexuellen Orientierung
und/oder mit ihrer geschlechtlichen Identität suchen,
anonym und kostenlos:
Telefonnummer: 0611 309211
https://www.buntenummer.de/

Telefonische Beratung für Kinder, Jugendliche und junge Erwachsene, anonym und kostenlos. Zu Themen wie Sexualität, Partnerschaft, Stress mit den Eltern, Gewalt etc. bei der »Nummer gegen Kummer«:
Telefonnummer: 116 111
https://www.nummergegenkummer.de/kinder-und-jugendtelefon.html

SCHWEIZ

Plattform zum Thema LGBT*:
https://du-bist-du.ch/

Pink Cross, der nationale Dachverband der schwulen und bi*sexuellen Männer:
https://www.pinkcross.ch

ÖSTERREICH

Homosexuelle Initiative Wien: Erster Lesben- und Schwulenverband Österreichs:
https://www.hosiwien.at/

IMMER MEHR HOMOSEXUELLE OUTEN SICH AN IHREM ARBEITSPLATZ! DIE ANZAHL HAT SICH 2017 IM VERGLEICH ZU 2007 VERDOPPELT.

30 % ALLER HOMOSEXUELLEN UND 40 % ALLER TRANS*-MENSCHEN SIND AN IHREM ARBEITSPLATZ VON MOBBING BETROFFEN.

IMMER MEHR SPORTLER*INNEN OUTEN SICH ÖFFENTLICH: BEI DEN OLYMPISCHEN SPIELEN 2016 IN RIO NAHMEN RUND 50 LGBT*-ATHLET*INNEN TEIL – SO VIELE WIE NOCH NIE.

LET IT GO!
SOCIAL-MEDIA-CHALLENGE

Hast du schon mal beobachtet, dass es dir schlecht ging, nachdem du Instagram, TikTok & Co. angeschaut hast? Vielleicht geben dir die Fotos und Videos kein gutes Gefühl oder du verbringst einfach zu viel Zeit damit? Mit dieser Let-It-Go-Challenge kannst du vielleicht für ein bisschen mehr Klarheit und Freude in deinem Feed sorgen!

1. WIE VIEL ZEIT VERBRINGST DU AUF DEINEN SOCIAL-MEDIA-ACCOUNTS?
Die meisten Smartphones haben eine Einstellung, bei der man die genaue Stundenzahl sehen kann. Gib erst mal eine Schätzung ab!

So viel Zeit denkst du, dass du dort verbringst: ....

So viel Zeit verbringst du dort wirklich: ....

Erledigt?

2. DU MUSST NICHT IMMER UND ÜBERALL SOFORT AM START SEIN.

Das kann ganz schön viel Druck machen und dich von anderen Sachen ablenken, die dir guttun würden. Geh in deine Einstellungen und schalte die Push-Nachrichten von mindestens einer Social-Media-App aus!

Erledigt?

So viele Push-Nachrichten hast du ausgeschaltet: ....

3. ENTFOLGE ALLEN ACCOUNTS, DIE SICH FÜR DICH NICHT MEHR GUT ANFÜHLEN.

Sie könnten zum Beispiel Traurigkeit, Eifersucht, Neid oder Selbstzweifel in dir auslösen.

Wenn du noch nicht den Mut dazu hast, Profilen zu entfolgen, hilft dir vielleicht das:

● Stelle die Accounts (erst mal) stumm.

● Sei beim Aussortieren ehrlich zu dir.

● Bedenke, dass du deine Entscheidung jederzeit rückgängig machen und den Profilen wieder folgen kannst.

● Du schuldest niemandem etwas und das Entfolgen bedeutet nicht, dass du die Person bestrafst.

● Wenn du jemandem entfolgst, heißt das nicht, dass du die Person nicht mehr magst.

Erledigt?

So vielen Accounts bist du entfolgt: ....

4. FOLGE NEUEN ACCOUNTS.

Suche nun nach Profilen, die dich inspirieren, dich zum Lachen bringen oder dir einfach ein gutes Gefühl geben. Du könntest zum Beispiel:

- Unter einem Hashtag neue Leute finden (suche nach deinen Interessen und Hobbys).

- Den eingefahrenen Algorithmus überlisten und dir einen neuen Instagram-Account anlegen.

- Schauen, welchen Leuten dein Lieblingsprofil selbst folgt.

- Deine Freund*innen fragen, welche Accounts sie dir empfehlen können.

Erledigt?

So vielen neuen Accounts folgst du nun: ....

DANKE!

Zum Schluss möchten wir ein großes Dankeschön an alle lieben Menschen sagen, die uns auf unserem Weg unterstützt und begleitet haben. Vor allem an diejenigen, die für uns da waren, als andere es nicht waren. Wir haben euch lieb ❤️!

ÜBER COUPLEONTOUR

Mit über zwei Millionen Follower*innen auf TikTok und über einer Million Fans auf Instagram gehören Vanessa und Ina mit ihrem Pärchen-Account *Coupleontour* zu den beliebtesten LGBT*-Influencer*innen. Die beiden sind Anfang 20, leben in Berlin und sind verlobt. Mit ihren Fotos und Videos setzen sie sich gegen Diskriminierung ein und ermuntern täglich dazu, zu sich und der eigenen Sexualität zu stehen, sich selbst zu lieben und niemanden für ihre*seine Sexualität zu verurteilen.

QUELLENANGABEN

Coming-out – und dann...?!: https://www.bmfsfj.de/blob/90014/054ed380a72ca0eed511e-a21753e1a61/dji-broschuere-coming-out-data.pdf – S. 15 (Buchseite 123), S. 19 (Buchseite 125), S. 17 (Buchseite 139 (l.o.)) & S. 12 (Buchseite 95); Die Zeit Nr. 4, 21. Januar 2021 / https://www.lsvd.de/de/ct/3292-Wie-viele-Kinder-gibt-es-mit-gleichgeschlechtlichen-Eltern-bzw-in-Regenbogenfamilien: S. 37 – Buchseite 23; LGBTI-Erhebung der FRA: https://fra.europa.eu/sites/default/files/fra_uploads/lgbti_survey_-_general_qa_de.pdf – S. 3 (Buchseite 42) & S. 4 (Buchseite 171 (M.r.)); Statista, Dalia Research, Umfrage in Deutschland zur sexuellen Orientierung der Frauen und Männer im Jahr 2016: https://daliaresearch.com/blog/counting-the-lgbt-population-6-of-europeans-identify-as-lgbt – Buchseite 62; Statista: Spiegel (Bento), Deutschland; Mai 2015; 18 bis 30 Jahre; 1000 Teilnehmer*innen – Buchseite 157; https://www.destatis.de/DE/Themen/Gesellschaft-Umwelt/Bevoelkerung/Haushalte-Familien/Tabellen/3-4-gleichgeschlechtliche-lebensgemeinschaften.html – Buchseite 171 (M.l.); https://www.lsvd.de/de/ct/1177-Was-ist-Homosexualitaet-Antworten-zu-Lesben-und-Schwulen#homosexualitaet-keine-krankheit – Buchseiten 96–97; https://www.lsvd.de/de/ct/3168-Was-denkt-man-in-Deutschland-ueber-Lesben-Schwule-bisexuelle-trans-und-intergeschlechtliche-Menschen – Buchseite 139 (r.o.); https://www.lsvd.de/de/ct/427-Oeffnung-der-Ehe-weltweit – Buchseite 171 (u.); https://www.spiegel.de/panorama/lgbt-bei-olympia-so-viele-queere-sportler-haben-noch-nie-teilgenommen-a-00000000-0003-0001-0000-000000780970 – Buchseite 187 (u.); https://www.tagesschau.de/inland/homosexuelle-diskriminierung-101.html – Buchseite 187 (M.); https://de.statista.com/infografik/10381/mehr-homosexuelle-outen-sich-am-arbeitsplatz – Buchseite 187 (o.); https://ilga.org/ilga-world-releases-state-sponsored-homophobia-December-2020-update – Buchseite 181; https://ilga.org/sites/default/files/downloads/GER_ILGA_World_map_sexual_orientation_laws_dec2020.png – Buchseite 182–183; https://presse.professional.at/presseinfos/lesen/4108/100__hass_abweisende_bunte_taschen_ikea_wirbt_um_toleranz_und_verstaendnis – Buchseite 75

IMPRESSUM

Coupleontour (Vanessa & Ina)
Love on Tour. Ein Buch übers Suchen, Finden und Festhalten.

1. Auflage

© 2021 Community Editions GmbH
Weyerstraße 88–90
50676 Köln

Texte: Coupleontour (Vanessa & Ina)
Layout, Design & Satz: BUCH & DESIGN Vanessa Weuffel
Illustrationen: BUCH & DESIGN Vanessa Weuffel
Projektleitung & Redaktion: Sarah Völker
Bildbearbeitung: Jessica Kotte

Bildnachweis:
© Coupleontour: S. 57, S. 127, S. 164, S. 168 | © Lea Zimmermann: Cover-Autorensticker, S. 3, S. 39, S. 48, S. 49, S. 60, S. 72, S. 74, S. 75, S. 93, S. 119, S. 121, S. 137, S. 141, S. 145, S. 173 (M. r.), S. 179, S. 190 | © privat: S. 8, S. 9, S. 12, S. 17, S. 187

stock.adobe.com – Fotos: © Adono: S. 29, S. 36, S. 48–49, S. 51–52, S. 62, S. 77, S. 89, S. 96, S. 101, S. 106, S. 124, S. 127, S. 129, S. 144, S. 146–149, S. 150–152, S. 155, S. 168, S. 190 | © bosotochka: S. 2 (o.), S. 20 (M. u.), S. 21 (M. o.), S. 24 (M. u.), S. 188 (o. l.), S. 189 (u. r.) | © Cute Designs (Korallen): Umschlag U1, Innenteil | © kondratya (Sprechblasen): Innenteil | © misskaterina: S. 173 (M. u.) | © picsfive: S. 13, S. 28–29, S. 33, S. 36–37, S. 69–70, S. 86 | © Sini4ka: S. 2 (u.) | © Somjai Jaithieng: S. 159

Gesetzt aus der *Archer* von © Tobias Frere-Jones und Jonathan Hoefler, *Fedra Serif Pro* von © Peter Bil'ak, *DIN* © Albert-Jan Pool, *Golden Plains* © BLKBK Fonts, *Shoreline* © The Branded Quotes, *Canvas Curly Sans* © Ryan & Rena Martinson und der *Dominique* © Dominique Demetz.

M. = Mitte, o. = oben, u. = unten, l. = links, r. = rechts

Gesamtherstellung: Community Editions GmbH

978-3-96096-161-1

Printed in Poland

www.community-editions.de